差異化班級
回應所有學習者的需求

The Differentiated Classroom:
Responding to the Needs of All Learners
(2nd Edition)

Carol Ann Tomlinson　著

The π Project DI Team 張碧珠　等譯

五南圖書出版公司 印行

前言

她一直等他們都回到他們平常習慣的位置之後，她才問他們說：「是我選擇了你們，還是你們選擇了我？」而靈魂隊的這些孩子們答道：「都有！」

——E. L. Konigsburg《相約星期六》（*The View from Saturday*）

對我而言，這本書有如一趟被分成兩個階段的旅程。在離開了培育我作為一個教育家與作為一個生命個體的公立學校及在公校二十多年的教書生涯之後，我隨即寫下了這本書的第一版，該書後來於1999年出版發行。在我的思緒與呼吸間，昔日的那些時光對我仍記憶猶新，充滿了懷念。當時我還跟我那些任教於維吉尼亞大學的新同事們說，我覺得自己永遠是一個中學教師，如無意外的話，我想我在大學任教的時間，它不可能比我過去在中學教書的時間還長。不過我的預知能力似乎有些失靈——其實它們也蠻常失靈。就在我快完成修訂，並且後來被出版成第二版的《差異化班級》（*The Differentiated Classroom*）時，我才意識到自己在大學教書的時間，它早已比過去我在中學教書的時間還長。

很多的事情在過去15年間都改變了。以前的教室裡學生的組成很單純，但現在的教室卻要面對來自世界各地的學生。在1999年的時候，老師跟學生能運

用的教室科技甚為珍稀，但在今日，科技將教室開放給全世界、開放給一個對於教與學有更多不同思考觀點的世界。和過去相比，我們現在知道了更多關於教學與學習的科學，不論是美國還是其他國家的教育家們，他們都經歷了林林總總的國內討論，這些討論聚焦在他們教育下一代的內容與方法。當然，也因此出現了更多熟知差異化教學的教育專家，他們其中有一些人甚至認為差異化教學是今日教學現場的教師們必須具備的能力。

不過，對我、對學校、以及對教室來說，許多事情仍然沒變。在我心深處，我始終是一個中學教師，滿心感激自己如今能有這個機會從我現在職位的研究面上去獲取新知。而在許多學校裡面，教學仍然一面倒地要求齊頭式平等。而努力不懈地提升學生考試成績表現，只會讓現在的課程與教學比起15年前更為欲振乏力。而學校在面對來自低收入家庭與有色人種家庭的學生時，跟面對來自白種人家庭與經濟佳的家庭的學生相形之下，彼此之間仍存在著難以消弭的鴻溝。

教育圈與我之間的異同處，使得書寫第二版《差異化班級》（*The Differentiated Classroom*）這件事情變得既複雜、也有其必要性。我有更多事情得想，有更多東西得學，也有更多機會去撥亂反正。

當我在寫這本書的第一版時，我突然意會到教學它其實有一部分就在書寫歷

史。我回想起自己過去教書的個人歷史，感覺自己如此地貼近前人，尤其是貼近過去那些在只有一間校舍的學校裡，就能教起書來的老師。這些老師們來者不拒，並且以行動說明自己：「我感謝每一個來到此地學習的人。儘管你們每個人如此不同，但我們一定能處得來。」我的思緒被拉回到那些無數個在我人生第一個真正的教書夥伴家打拼、度過的夜晚，當時她與我兩個人多麼努力想弄懂多工教學的教室（multi-task classrooms）要如何運作，而多工教學的教室很顯然是我們那些彼此差異性極大的學生所需要的。我想起那些被我教過的學生的名字與臉孔，也想起那些其實教了我更多事情的人們，這些人當中有高中生、幼兒園生、中學生，他們彼此間如此相像，卻又十分不同，他們需要我為了他們去成為許多不同的事物，同時他們也教會了我如何去做到這件事情。我憶起了我在維吉尼亞州福基爾郡（Fau-quier County）的同事們，他們既認真工作、勇於冒險、跳脫框架思考、樂於教學，他們也創造教學之樂。福基爾郡是一個雅緻的學區，即便當時它地處偏遠、狹小、且因為荒僻而不受多數人留意。而且，福基爾郡它還是個很不錯的教學訓練所，因為那裡很鼓勵教師為了服務孩子而努力地創新教學。

這本書的第二版包含了我回溯自己在維吉尼亞大學、在全美各校，以及在更多

地方的「第二人生」中走過的路，我如今有幸能與世界各地的教師共事，並與會成為我們世界未來棟梁的各類學生合作。我那些在大學的同事會推動我去思考，讓我見識到卓越，而我的學生則始終擔任我的最佳導師，他們會先問我說：「為什麼要這樣？」然後不可避免地又接著問我說：「為什麼不行？」

世界各處其他老師們擁有的問題，交會出了一面由共同的理解與共享的不安所織成的錦緞，它成了我們成長的溫床。有這個機會寫本書的再版，它催使我去審視從過去到現在，我的想法在這段時間改變了多少。我很欣慰的是，如今重讀某一段自己在15年前所寫下的文字，文字的

內容讀來還是很有道理。我也同感安慰的是，如今我的想法變得更銳利了，能濃縮原書部分章節的內容且將它們重新聚焦。而我也不好意思地承認，儘管我們花了不只15年的時間在討論那些能夠回應學習者需求的教學方式，但我們仍然會不由自主地受到15年前 —— 甚至50年前 —— 就已經影響我們的教學策略所吸引，畢竟我們既熟悉這些策略、覺得它們好用，也感到內心自在。

對於教學與差異化，時下的教師與1999年的教師都愛問一樣的問題：「你要怎麼算成績？」、「如果我們最終要面對的是標準化測驗，我們要怎麼讓教學差異化？」、「如果我的學生們沒有做同樣

一份作業，難道他們不會生氣嗎？」、「如果學生們沒有得到同樣的＿＿＿＿（作業、考試版本、完成作業的時間等），這樣的課程夠公平嗎？」

在過去15年來，我們始終因擔任教職而有所成長。我們更專注且順從地肩負起我們的教育責任——雖然我們不盡然都能專注在尋求更好的事物上，且我們也有可能為了達到成功而採用了一些有問題的策略，但至少我們變得沒有像過去那麼天真。我們當中有些人變成了科技達人。而在許多學校裡，我們對於教學工作的實際面也多了許多充裕的討論。

只是，我們還是很容易在教導我們的學生時，無視於現實而總當他們本質上是一樣的。我們好像瞎了眼、看不見他們的本性，反而老是試著想要評估學生，把他們貼上標籤並且把他們分門別類。我們手上握有屈指可數的優質教法與不可勝數的粗劣教法，它們之間的差距可以天涯地角，也可以相去咫尺。我們善待了某些孩子，但卻冷落了大多數。我們老是在「趕著上完」那些交付到我們手中的課程，卻沒有在學生知情的情況下，邀請他們去探索各個學科與這個世界。

我想是我——過去和現在——的學生，把我變成了一個樂觀主義者。教職這份工作既面對改變的契機，也要面對抗拒改變的阻力，而我選擇將種種跡象視為一種機會，讓我能夠繼續地思考下去、讓我

能夠繼續地尋找適當的詞彙與圖像，以找出一種更為人性化且更有成效的方式去擔任教職。第二版《差異化班級》這本書裡的教學原理，打從我首次將它們寫入書中、首度在我的中學教書夥伴的守護下測試它們起，它們對我而言就一直有種不可抗拒的力量。

而另一個從1999年起至今仍常見的問題是：「我哪還有時間進行差異化教學？它這麼難，而且我已經夠忙了。」時間與經驗使得我更能夠針對這個問題，給予我唯一知道的答案：「立定志向。想著自己明天能夠比今天表現更好，而不會想著趕快完事或覺得自己『已經夠好了』。」我曾經在教室裡聽過一個老師對學生說：「它當然很難，所以才值得花時間，而且你絕對能夠應付困難的事物。」

教即是學，學即是成長，而這種歷程形塑專業與創造新生活。這本書關係著你如何以一個教師的身分，寫下屬於自己個人的歷史——一次一天、一次成長一些、一次一個學習夥伴。而希望在你追尋的道路上，你會覺得這本書有用。

在我們正式開始之前，我想要感謝過去那些讓我的生命變得更美好的老師們。這些老師之中有些人是我的同事、有些人是我的學生、有些人是出版社的編輯、有些人則是書籍的作者們，而有些則是我的友人——但他們都算是我的老師，因為我的世界有了他們的存在，如今的我才能夠

變得如此強悍。

　　最後，對那些身處在世界各地、嚴拒停滯在他們已達到的熟練與專業水準繼續教下去，並能永遠向前看且把自己向上提升的諸多教師們，我想要對他們獻上我個人最深的敬意。你們真是教育界的生命鬥士。

C.A.T.

目　錄

什麼是差異化教室？

　　有這麼多的學生心不在焉。有百分之四十的學生意興闌珊，既不努力，也毫不專心。有許多學生曉課又曠課，許多學生承認自己靠考試作弊過關，許多學生因為跟不上課業所以失去了學習的興趣，還有許多學生因為缺乏適當的挑戰而覺得學習索然無味。有許多學生不知道自己的能力還很不足，所以付出努力對他們很重要。休學的學生之中，有一半的人說上課一點也不好玩，而有三分之二的人則說學校裡沒有任何一個老師在乎他們的學習表現好或是不好。不是所有的人都對於老師、對於教學、或對於學校有著美好的感受。

　　　　——略改編自John Hattie《可見的學習》（*Visible Learning*）

　　一百多年以前，在美國與在世界上的其他地方，凡是在只有一間校舍的學校裡教書的老師，她都得面對一項艱鉅的任務，就是她得分配自己的時間與精力，一邊要教導那些年齡大小不一且可能這輩子從來沒有碰過書、既不會閱讀也不會書寫的學生，她還得要一邊教導另外一群同樣年齡大小不一、但是程度較好且有不同學習需求的學生。而今日的教師們就跟在只有一間校舍的學校

1

裡教書的老師一樣，他們也面臨了同樣的挑戰：面對這些橫跨在學習準備度、個人興趣，以及受文化影響的世界觀的光譜兩端的學生，教師要如何讓教學奏效呢？

雖然現在的老師所教導的班級學生大多年齡相同，但比起以前那些在只有一間校舍的學校裡學習的學生來說，現在的這些學生顯然地在學習需求上有著更大的差別。因此，現在的老師的問題跟100年前老師的問題是一樣的：「我要怎麼分配時間、資源，以及我自己，才足以讓學生的才能發揮到最大極限？」

請看以下的老師怎麼回答這個問題。

• Handley老師一直都在研究她的學生，她覺得自己得先了解她的學生，才能有辦法把他們教好。她衡量自己的教學是否成功的標準有兩項：一是每一天每一個學生都能夠專注於學習，二是每一天都能看得見每一個學生的成長。在學期一開始，她就很努力地想獲取學生們的信賴。在一個學期後，她會向學生們證明她確實值

得他們的信賴。她採用正式與非正式的形成性評量（formative assessment），以評量的結果作為她對每位學生學習需求的初步理解，她的目的是為了要將學生的需求與課程相互連結，並且隨著課堂經驗的增加，她會在課程內容上有所調整。她認為形成性評量足以讓她明白自己該做哪些調整，她才有辦法讓隔天的課程能適用於她每一個學生。

• Wiggins老師會根據學生的前測結果，要求學生去背誦相當於他／她程度的字彙表，她並沒有預設她所有的三年級學生都該學習等級三的字彙表。

• Owen老師會儘量安排符合學生需求的回家作業，他想讓練習這件事情對於每位學生都是一件有意義的事。他會讓學生一起決定什麼樣的家庭作業，最能幫助他們理解與運用數學的概念與原則。

• Jernigan老師有時會讓全班一起上數學課，但她更常根據每天數學課前測的結果，而運用一連串的直接教學法（direct instruction）、課堂練習與工作小組（application groups）。針

對學生各自不同的學習準備度需求，她會搭配相對應的練習活動與有意義的學習任務，她也會依據學生個別的學習興趣與偏好的學習方法，而將他們分組，讓他們去解決真實生活中會遇到的數學問題。她說這樣一來的話，她的學生就可以在各式各樣的同儕當中，相互學習與彼此影響。

- 當學生該準備繳交期末作業，或是當學生在學完一個單元之後要準備進行正式測試的時候，Enrico老師會提供學生兩到三個選項供他們選擇。她會根據學生的學習興趣而設計出不同的選項，於是學生就有機會將他們先前學到的東西，連結到與某個重要且與他們個人相關的事物上。她有時也會給學生一個「我們來做個約定吧！」（Let's Make a Deal.）的選項，讓學生可以提出他們自己想要的報告格式，她會確保學生的學習成品就算彼此的選擇不同，他們展現出來的學習成果仍會相當一致。學生得使用維基空間雲端教室（Wikispaces Classroom）寫他們的報告，透過這個平臺，Enrico老師可以監看學生在整個學習過程的進展。

- Raules老師鼓勵學英文的學生在寫文章的時候，只要足以幫助他們表達想法，不妨先用母語寫下初稿。他也會盡可能確認學生能找得到用母語寫成的線上資源或紙本素材可供他們使用，如此一來學生們就能對一些重要的概念更了然於心。

- 在教到一些關鍵的地方，當Willoughby老師覺得學生適合在家裡面先讀過新的內容，然後才在學校練習他們新習得的技能與想法的時候，她就會「翻轉」她的教室。她會先用先備知識紀錄卡（entry cards）或其他形式的形成性評量，來仔細監測學生的理解程度。若學生適合一起合作學習某些共同的學習目標的話，她就會把他們分成好幾個教學小組，她會在小組之間來回走動，或是跟某個小組坐在一起直接教他們，關照學生的進展。

- Ellis老師經常使用他自己設計的小組教學模式，讓學生們得以從他們原本的知識、理解與技能的立足點，更進一步發展。那些沒有跟他約在固定時間碰面的學生，他們不是得靠自己一個人，就是得靠兩人一組或多人一組

的方式去做練習，或者他們得去完成有意義的學習任務。這些學習任務會設定在夠具挑戰性的程度上，或者量身打造好讓學習的內容符合學生的興趣。形成性評量會引導Ellis老師的教學設計。

以上這些老師們都採用差異化教學。在「差異化教學」這個字眼出現之前，他們可能就已經開始使用差異化教學了。他們單純是一群努力地、不惜代價去確保學生們每天、每星期，以及一整年下來都能盡其所能成長的老師，這些學生包括那些程度落後、程度極佳、與介於兩者之間的學習者，包括有不同文化背景的學生，也有成長背景差異極大的學生。

差異化教學教室的特徵

在差異化教學的教室裡，教師會從兩個重要的「假定事實」出發：一是學生的學習最終要對應學習內容的要求，而它常常以「各種標準」的形式出現；二是作為學習者，學生們理應彼此大不相同。因此，在使用差異化教學的

老師們會接受同一項前提，並在這項前提下做出行動，這個前提的內容就是，老師們會透過各種學習方法來讓學生參與教學，而這些方法有的藉由訴求各種不同的學習興趣而實踐，有的則藉由使用難易度不同的各種教學策略而實踐，且這些教學策略伴隨著不同的複雜程度與不同的支持系統而生。在差異化教學的教室裡，老師會確保學生在成長與發展的過程當中，他們是跟自己比，而不是在跟別人比較，他們永遠都會向前邁進——以及常常超越——他們原本預定的學習內容目標。

換句話說，進行差異化教學的老師們會盡可能深入地且迅速地提供學生各種具體的替代方法，並不會認定學生的學習道路，它們應該看起來都要一模一樣。這些老師他們相信應以高規格對待學生，他們辛勤地耕耘，期望學生能變得比他們自己所預期的還要努力；期望學生能做到遠比他們所以為還要多的事情；期望學生能逐漸相信學習本身它包含了冒險、犯錯、與個人的勝利。這些老師也努力地想讓所有的學生都能一直體會到一個現實，也就是成功它源自於辛勤且在知情的情況下所付出的努力。

4

實施差異化教學的老師們會彈性地運用時間，他們會運用各項教學策略，他們會成為學生的夥伴，做這些事情的目的是為了形塑出學生所學習的內容與其學習的環境，好讓它們足以支持學習者與學習本身。這些老師不會強迫性地把學生塞入一個制式框架裡，這些老師是學生們的學生。他們是負責診斷的人，他們會根據他們自己對於學習內容的知識理解，以及他們對於學生在掌握重要內容上其學習進程的理解，幫學生開立最好的教學處方。這些老師們同時也是藝術家，他們使用他們的技藝工具去滿足學生們的需求。他們並不渴求標準化的、大量生產的課程，因為他們認同學生們皆是獨立的個體，且每個人都需要量身打造。這些老師最終的目標是希望每位學生都能學習，並且能滿意自己的學習，這些老師們的目標並不是只想把課上完。

實施差異化教學的老師一開始都十分清楚是哪些東西，構成了一個強而有力的課程與構成一個能讓人專心投入的教學。於是他們接著會問，到底需要哪些事物才能將這樣的課程與教學，調整到讓每一個學習者都能習得帶得走的

必要知識、理解與技能，好讓學習者們得以踏入下一個重要的學習階段。基本上，採用差異化教學的老師們，他們對於學習者們帶入校園的共通性與造成他們之間不同的差異性的這項事實，都願意接受它、擁抱它，並且為之籌謀。

差異化教學的教室，它所體現的是一般的常識。在一間差異化的教室裡，它的邏輯是這樣運行的：一個有培育性的環境才能鼓勵學習。優質的課程需要清晰且具有推動力的學習目標，只有它們足以讓學生的心思專注投入，並進而產生理解。毫不間斷的形成性評量，能夠引導師生一起朝重要的目標前進。而當教學能與學習內容目標一致，且教學足以滿足正式與非正式的形成性評量所指出的學習需求的時候，這樣的教學它將會卓有成效。教室管理必須能夠允許可預測性與彈性，這樣的目的是能讓更多的學生都能達到關鍵的目標。雖然這樣的邏輯思維或多或少是一種基本常識，然而它並不容易做到——常識這件事它就是這麼回事。就某部分來說，我們很難執行與規劃出得力的差異化教學，因為見過的成功例子太少。不過，我們還是有成功的例子，它們提供給我

們一個管用的方式，讓我們能夠開始探索差異化教學。

學校速寫

老師們每天都在努力地想要根據學生不同的學習準備度、興趣與偏好的學習途徑以找出方法，去貼近每一個學習者。但並沒有唯一的「好辦法」，可以創造出一間管用的差異化教學的教室；老師會打造出足以回應他們自己個性與教學方式的學習環境。以下這些實例中，教師們在課室中採用差異化教學，它們有些是直接來自於我個人的觀察，有些則是結合了好幾間教室的情況或是從我與老師們的對談中所延伸出來的。它們全部都是用來呈現出一間差異化教學的教室它看起來的模樣，以及它應具有的模樣。

仔細想想那些在教學時，老師無視學生之間差異的情況，以及那些在教學時老師會將學生差異放在心上的情況，這兩種情況之間有哪些對比差異。然後再想想某些你所教到的學生，哪一邊的光景可能會對這些學生比較好？為什麼？

兩間小一教室的速寫

在Jasper老師國小一年級生的教室裡，班上的學生每天有一部分的時間要在各種不同的學習角 （learning centers）之間輪替。Jasper老師努力耕耘了許多年，她想要提供各種與學科相關的學習角給她的學生。全班所有的學生都會走過一遍所有的學習角，Jasper老師說她會這麼做是因為學生覺得若是大家沒有全都做同樣的事情，這樣會很不公平。而她的學生很享受這些學習角，所帶給他們的活動與獨立。

Isabel在很多時候毫不費力地就能完成她主要的工作，就如同Jamie他在很多時候都困在他要如何著手進行他的作業。Jasper老師會盡可能地試著幫助Jamie，但是她並不太擔心Isabel的情況，因為Isabel擁有遠遠超過一個小一生應具備的能力，而且Isabel總能相當精準地完成她所有的工作。而今天，Jasper老師班上所有的學生都要在其中一個學習角裡學習複合字，從十個複合字裡面，學生們要挑選出五個字，然後分別加以繪圖說明，而在做完這件事情之後，Jasper老師會請同學自願分享他

們的成果，她會不斷邀請同學分享自己挑選的五個字，直到十個字都有人講過為止。

　　在走道另一頭的教室，Cunning-ham老師也在她一年級的班上使用學習角。她也同樣地挹注了大量的時間，根據不同學科發展出有趣的學習角。然而，Cunningham老師的學習角它們有一部分採用了差異化教室的原則，有時候，若是要介紹給每位學生一個新的概念與技巧，那麼所有的學生都會在某一個特定的學習角裡學習；不過在更多的時候，Cunningham老師會根據她對於每一個學生學習準備度的持續觀察，而把學生分到某一個學習角，或者是指派他們到另一個學習角去完成某一項任務。

　　而Cunningham老師的學生，他們今天也要學複合字。黑板上寫著每一個學生的名字，而每個人的名字旁邊都貼上一張有顏色的貼紙，貼紙共計有四種不同的顏色。每一個學生都要寫完放在活頁夾裡面的作業，而活頁夾的顏色剛好會對應他們每個人姓名旁的貼紙顏色。舉例來說，Sam名字旁貼了一張紅色的貼紙，所以Sam得使用紅色活頁夾

裡附上的資料，他得決定出好幾組字的正確順序，並且要排出正確的複合字。他接著得畫出一張海報，海報裡要解釋每一個單字以及這些單字所組合出的複合字的意思。Jenna拿到的是藍色活頁夾，她的作業是要她在教室內外以及在書裡面去找出複合字的例子，她得把這些字抄寫在一本小冊子裡，並且說明這些字的意思。Tjuana拿到的是紫色的活頁夾，她得寫出一首詩或是寫出一則故事，在詩裡或故事裡她必須使用她自己創造出來的複合字，並且要儘量讓這首詩或這則故事讀起來很有趣，然後她還得說明這些複合字的意思，好讓她的詩或故事不但讀起來有趣、看起來也很有趣。在Dillon的綠色活頁夾裡面，他會找到一個老師已經寫好的故事，這個故事裡有著正確的和錯誤的複合字，Dillon他得扮演一個單字偵探的角色，在這些複合字裡面找出「壞人」與「好人」，他得列出一張表格，寫下故事裡的好人（正確的複合字）與壞人（錯誤的複合字），並且在最後修理這些故事裡的「壞人」。

　　而所有的學生在隔天的團體交流時間，他們都得分享自己為了複合字做了

哪些事情。當輪到學生負責聽同學分享的時候，老師鼓勵他們要根據手上該份作業的學習目標檢核清單，去說出他們覺得負責報告的同學做得最好的地方是什麼。Cunningham老師自己也會把注意力放在少數幾個在群眾面前說話容易退縮的學生身上，她會特別稱讚她覺得他們做得好的地方，接著問他們一個問題，想看看自己是否能讓這些學生多少說上一點話。

兩間小五教室的案例

書林國小（Sullins Elementary）五年級的學生要學「知名人物」的概念，藉此連結社會研究與語文。學校希望所有的學生都能磨練研究技能，並能妥善運用這些技能，期望學生能寫得出有條理的內容，並且能跟他人分享對於他們所研究的知名人物的點點滴滴。

Elliott老師要他的學生回顧他們過去所讀過的文學或歷史，從中選出一個知名人物，並且閱讀其傳記。接著學生得上學校圖書館去借書，或者是上網查資料，去找出更多關於他們自己所選擇的這個名人的其他資料。每一個學生都得要針對這個名人寫一份報告，他們

得描述這個人的文化背景、童年時期、所受的教育、所面臨的挑戰、與其對這個世界所做出的貢獻。老師鼓勵學生在報告中，不妨使用一些原始的和「找來的」書面資料，他還給了學生一份輔助用的評分表，表單聚焦在研究資源的使用、組織結構與優質語言的各項要求。

May老師在她的五年級班上給了學生一長串的興趣清單，目的是想了解她的學生們對於哪些領域有特殊才能或有著特別的興趣，像是體育、藝術、醫學、戶外活動、寫作或幫助他人等。最後，每一個學生都要選出一個他／她特別有興趣或比較好奇的領域，作為他／她接下來研究知名人物的特質的重點內容。

May老師在班上會討論到於所有人類努力的事蹟之中，那些來自不同文化背景的知名人物，他們歷來都能影響我們對於各個領域的認知與作為。她會在班上大聲朗誦某個名人的傳記概述，這個名人可能是一位政治家、音樂家、太空人、社區組織者、科學家、或是一位藝術家。會被May老師特別點到的名人，有男也有女，他們各自代表著不同的種族或文化團體。老師跟學生們會一

起合作，描述與這些名人有關的特質以及行事原則。

　　舉例來說，知名人物他們往往深具創造力，他們願意在他們自己的領域中承擔風險並做出壯舉，在受到人們景仰之前他們常吃閉門羹，他們的人生充滿跌宕卻始終堅毅不拔。當學生們在討論這些歷史名人、作家、與今日新聞頭條裡的紅人時，他們同時也在檢視這些道理。當討論來到尾聲時，學生會得出一個結論，他們會發現人們可能會因為「某些對的原因」或是「某些錯的原因」而變得有名，學生會因而決定他們要研究那些為這個世界帶來正面影響而聞名的人們。

　　學校的電腦資訊老師會幫助每一個學生整理出他們感興趣的領域當中，有哪些「頗具生產力」的知名人物。她還幫助學生學會如何找出各種資源，好讓他們有辦法去研究來自不同文化與不同時期的有名人士（包括腦力激盪出可供訪談的資料）。她會跟學生們談到慎選出他們可以閱讀且深入理解的研究資料這件事的重要性，並且，要是學生找到的資料太簡單或太過困難，她會主動幫助學生去尋找其他的替代方案。

　　May老師會跟她的學生聊到他們該如何做筆記，以及在研究的過程之中，他們可以嘗試哪些不同的筆記型式。他們也會考慮使用那些對班上不同的學生可能會管用、可以用來組織資訊的方法，像是網絡圖、大綱、分鏡圖、表格等。他們還會聊到所有可以拿來呈現他們學習內容的方式：透過寫文章、歷史小說、個人獨白、或是角色速寫。May老師會給學生一份評分表，讓他們知道報告的內容、研究、計畫，以及一篇好的敘述文它應具備的特質。學生們也會個別地跟May老師一起工作，決定出他／她自己對於理解、工作流程與最終成果會有哪些個人的目標。

　　在學生準備報告的過程中，May老師會分別與學生單獨合作或是與小組一起工作，評量他們理解的程度與工作進度，並且提供給他們個人指導。學生也要根據評分表與當事人自己的目標，互相檢視他們彼此的工作情況。他們要確定每一份報告都有呈現出某個為這個世界曾做出正面貢獻的知名人物，最後，全班會在教室外面的走廊上共同完成一個大壁畫，壁畫會以拼圖呈現，每一片拼圖上皆是與名望有關的道理。學生要

依據他們自己所研究的知名人物，在每一片拼圖上寫上或是畫上他們從這些人身上所學到的道理，然後學生他們還要在拼圖底下，寫上這些道理如今以及未來它們會以哪些型式在他們的生命裡，產生什麼樣子的重要性。

國中端的差異化

學生在Cornell老師的自然課上，通常都遵照一個固定循環的模式在學習：先讀教科書內的某一章節、回答該章節結尾處的問題、討論他們所學的內容、完成一場實驗、然後考試。學生四人一組一起做實驗、寫報告。有些時候為了減少個人的行為問題，Cornell老師會特別幫某些學生安排組別；但在大多數的時間，學生都可以靠自己找好自己的組員。學生們會先個別讀完文章並回答文章上的問題，老師一般只會進行二到三次全班性的章節內容討論，並在每次考試之前全班會一起總複習。學生會用他們在秋冬時期所進行的主題研究，來參加隔年春天舉辦的科展。

在自然課上，Santos老師常在學生閱讀文本或閱讀線上資料的時候，把班上的學生分成好幾個「閱讀小隊（reading squads）」；閱讀程度相近的學生往往會被分在一起。Santos老師會按照不同組別學生，他們應該從書本章節中學到的重要概念的結構量與準確度，而設計出不同的閱讀架構圖，並給予學生不同的學習日誌的寫作提示，並且她還會針對學生的閱讀能力提供給他們不同複雜程度的網路資源。她會安排學生進行不同的閱讀流程，有時候學生要跟夥伴們一起大聲朗讀，有的時候則自己默讀，有時候他們要跟夥伴一起寫閱讀架構圖，有些時候則要自己一個人寫學習日誌去回應老師的寫作提示或部落格文章。當學生在寫作業的時候，Santos老師會在各小組之間來回走動，或者是停下腳步關心某幾個同學的情況。偶爾老師會自己唸某幾段重要的段落給學生聽，或是反過來要求學生他們來唸給她聽。她總是想讓他們能有更深刻的理解，並且想幫他們澄清思緒。

Santos老師有時會先讓學生做實驗、看影片、查看網路上的模型或圖表、或者閱讀補充資料，然後她才開始讓學生讀某個章節，如此一來，他們才能更明白該單元重要的原理，接下來才有辦法應付之後更複雜且抽象的內容。

偶爾他們會先讀一小段文章，然後做實驗或是看一段別人的示範或操作，接著再回頭繼續讀文章。實驗與補充資料有些時候會接在文本閱讀之後。Santos老師也常按照學生學習抽象概念的興趣或能力，來調整各組學生處理資訊的順序。對於一場實驗，Santos老師往往會有兩種不同的版本在同時進行：一個版本它在幫助那些需要更具體的經驗，才有辦法理解重要原理的學生，為他們搭建學習的鷹架；而另一個版本它則用在那些早已經熟悉重要原理的學生身上，讓他們得以在更複雜且充滿不確定性的背景下去理解與掌握這些原理。

Santos老師在教一個單元時，她絕大多數的時間會使用與該單元的重要學習成果緊密相關的形成性評量。因此，她十分清楚有哪些學生對於關鍵的知識、理解與技能還需要額外的指導；有哪些學生需要提前給他們進階的指導；還有誰不太能夠轉換概念與技能，還無法將它們運用在新的事物上。班上的學生他們通常都擁有決定權，能自己選擇他們想用什麼樣的形式去進行實作評量，而這些評鑑格式對於學生應有的學習表現從頭到尾的要求都相當一致。當學生完成最後的科學計畫時，他們會拿到一份評分表，儘管評分表上會寫著每個人選擇的主題與表現型式不同，但評分表所列出的同樣標準能讓他們衡量自己是否能做到：

- 自己一個人或者跟其他人合作調查且處理一個社區裡的問題，它得與你現在正在研究的主題有關。
- 扮演導師的角色，與社區裡的某個人或是某個團體合作，運用你目前研究的主題來處理一個發生在當地的問題。
- 研究古往今來那些曾在你如今所選擇的主題當中，有產生正面影響的科學家們。
- 以你研究的主題為基礎，寫一篇科幻故事，並且在這個虛構的故事背景裡運用正確的科學知識。
- 用教室裡面的攝影設備去製作一部敘事性的小短片，這部影片它日後要能用來幫助學弟妹們了解你所研究的主題，它有哪些層面仍在這個世界上運行。
- 提出別的選項，跟Santos老師一起討論出一個能展現你在自然領域上學到

的知識與技能的計畫案。

在O'Reilly老師八年級的英文課上，班上學生都得讀同一本小說，然後全班一起討論。學生得寫閱讀日誌。O'Reilly老師平常都會指定學生每晚回家閱讀的分量，通常學生還要寫內容摘要或是回答一些後續的問題。

而學生在Wilkerson老師八年級的英文課上，則要讀有共通主題的小說，像是勇氣或是解決衝突這類的主題。學生會從四到五本小說當中選擇自己想閱讀的書，然後Wilkerson老師會給全班幾套書。老師會確保小說橫跨了不同的閱讀範圍、能緊扣學生不同的興趣，並且反映出不同的文化背景。

Wilkerson老師班上的學生經常使用文學小圈圈（literature circle），他們會在文學小圈圈裡跟其他讀同一本小說的同學，一起討論他們的想法。儘管不同的文學小圈圈反映了不同的閱讀精熟度，但是圈子裡的每一個學生都會輪流擔任五種領袖角色中的其中一種：領導討論人（discussion director）、繪圖人（graphic illustrator）、歷史調查員（historical investigator）、發現佳句人（literary luminary）、與補充生難字的人（vocabulary enricher）。文學小圈圈裡的每一種角色都會拿到書面指導語，它會教他們如何善盡責任。Wilkerson老師也會調整與變化學習日誌上的提示與內容；有的時候他會給不同的學生不一樣的提示，有些時候他會鼓勵學生去選一個他／她自己感興趣的提示。全班會有許多機會可以討論所有不同的小說之間共同具備的主題，這使得所有的學生都能因此更深入思考這個共通的主題，到底這個主題它在他們所讀的小說裡以及在他們的生命裡，「扮演」了什麼樣子的角色。

高中的樣本

Horton老師的西班牙語初級課的學生，他們幾乎每一次都要寫同樣的句型練習、做同樣的口語練習、讀相同的翻譯內容、讀與文化有關的片段，連考試的內容也一樣。學生他們常常要靠自己寫課堂上的作業，偶爾才會兩人一組或是小組合作完成一項任務。

學生在Adams老師的法語初級課上所做的寫作練習，經常有著不同的難易程度，而且老師給予的支持分量也不太

一樣，學生們的口語練習基本上有著相同的結構，但是語言上的複雜程度卻不太相同。有的時候學生可以「選擇退出」複習，改為創作屬於他們自己的法語對話、讀一本法語雜誌、或者是跟一個講法語的網友互動。為了要準備Adams老師口中的「基礎測驗」（fundamentals quizzes），學生們經常得與由老師指派、混合了不同能力程度的組員們一起合作。如果願意的話，學生他們有時候還可以自己挑選一個夥伴，兩個人一起準備「進階測驗」（challenge quiz），只要能通過進階測驗，學生他們就能賺到作業豁免權，他們能使用豁免權免做作業，因為他們在考試上所付出的努力，顯示出他們早已精通了學習的內容。Adams老師的學生們會自己評鑑他們在形成性評量上的表現，並且為自己設定目標，期望自己的語言流暢度與精熟度能更進步；學生他們也會選擇出最足以幫助自己達到以上目標的作業。除此之外，每一個學生都要「認養」一個說法語的某國家或是某地區，而在這一年當中，學生要研究「他們的」國家的各種面向，這些面向包含文化、社會、語言、地裡，然後他們要小組合作，在不同的背景下，比較法語在這些國家的影響，並且找出它們的異同處。

在Matheson老師的二級代數課上，學生基本上都要寫同樣的作業，全班一起對答案，每個人自己都要做相同的課堂練習，最後寫同樣的考卷。

同樣是二級代數課，Wang老師先幫助學生理解某一章節裡的核心概念、原則或重要概念，以及技巧。在經歷了各種形成性評量與總結性評量之後，Wang老師鼓勵學生去查看他們自己的評量結果，然後依據評量結果去選出能幫助他們釐清自己困惑處的作業內容與課堂小組討論。

當一個章節快接近尾聲時，Wang老師會給學生不同的「挑戰問題」，學生可以選擇要自己回答或是選擇跟某位同學合作回答。每一個學生拿到的問題都被設計來挑戰他們的思考能耐；Wang老師鼓勵學生他們討論出不同的方法來解題，並在解題過程中能將脈絡解釋清楚。在上完該章節後，學生要進行單元測驗，他們會發現考卷上的問題很像Wang老師之前給過的挑戰問題，但它們並不完全一樣。Wang老師總共

會出五到六道不同的挑戰問題，給班上約莫三十位的學生。

上體育課的時候，Bowen老師的學生經常要練習同樣的運動與籃球技巧。Wharton老師則是幫助他的學生診斷他們在不同的運動與籃球上各自的起始點，為了各自達到進步而為他們設定不同的挑戰目標，然後記錄他們各自的進展。Wharton老師會特別留意兩種學生：表現最好與最差的兩種人。

上美國歷史課的時候，Roberson老師跟她的學生會按照書上的順序一一讀完內容，她會在課堂講解文章裡的補充資訊，也時常會使用網路上找得到的資料，讓學生去比較同一歷史事件的不同觀點。在整個學期裡，Roberson老師會特別著重學校強調的女性歷史與非裔美國人的歷史。

而學生在Washington老師的美國歷史課上，則要去找出他們從以前到現在所學到的每一個歷史時期當中，曾反覆出現過哪些重要的概念、重要想法、或是「核心想法」，甚至是該時期獨一無二的概念與想法。他們會閱讀來自不同文化、經濟與性別族群的觀點與經驗，然後課堂上他們會用到不同難易度與不同語言的文本、影片、聲音檔與線上資源（好幫助那些正在學英語的學生）。

當Washington老師在教書的時候，她總會使用能特別強調關鍵字與重點的投影片或是白板，以幫助那些屬於視覺學習者的學生們學習。有時候她課上到一半就會停下來，鼓勵學生彼此討論或者是全班一起討論，確保他們真的有明白上課的內容。

寫摘要跟寫計畫報告是她最常用來讓學生去陳述他們對於美國史上某一段時期的理解的辦法，並讓他們拿該時期與同一時間發生在別的地方的歷史來相互比較。在寫計畫報告的時候，學生會得到好幾種不同的報告選項，好讓他們去發揮自己學到的知識、理解與技能。每到學季末時，學生可以將考試作為他們最終的總結性評量，或者學生也可以用他們自己修改過的真實性評量（authentic assessment）（有經過Washington老師的指導與許可）作為二分之一的期末成績。不論前述哪一項作法，都是要學生展現出他在該單元中所學到的知識、理解與技能。

* * *

　　差異化教學的教室，能讓學生他們以不同的方式、不同的速度，帶著不同的才能與興趣來到學校學習。更重要的是，這樣的教室它更適合廣大的學習者們，它遠遠勝過於那些齊一式的教學方式。運用差異化教學的教師，他們比較能夠貼近他們的學生，並且讓教書更成為一種藝術，而非刻板練習。

　　要發展一間能主動顧全到學生之間異同處的班級，實屬難事。書中接下來的各章節，會描寫各種運用差異化教學的教室，這些教室實例會指導你如何在日積月累下，也能讓差異化教學在你的教室或學校裡成真。

差異化教學的基礎

沒有任何的公式或處方，可以每次都適用於所有的學習者上。也沒有任何的教案可以一次滿足一間教室裡的所有學生，他們各自具有不同的學習風格、學習途徑與學習智能。

——William Ayres《教學：一個老師的旅程》（*To Teach: The Journey of a Teacher*）

大多數教學熟練的老師們，三不五時會因為學生而調整自己的教學方式。而這些老師之中，有些人會說他們有做到差異化教學，的確他們某種程度上算

做到了。不過，這本書的目的並不是在細數那些細心敏感的老師們有做過哪些調整、修正，像是他們在午休時間給學生額外的指導、或是他們在課堂討論時問某個程度很好的學生一個頗具挑戰性的問題。這本書是打算幫助那些想要持續地進步、想要發展出足以因應與回應不同學生學習的教學計畫的那些教育者們。

差異化教學教室的本質

雖然沒有任何一個圖像可以說明一間差異化教學的教室該長什麼模樣，但許多著眼於能讓每位學習者成功的差異

17

化教學的教室裡，它們卻有著很多的共通點。重要的是，這些共通點展現出差異化教學的本質，它們並爲差異化教學下了定義。深入思考這些實施差異化教學的教室裡的重要特質，它有助我們建構出差異化教學的本質與意圖。

能積極支持學習者與學習的學習環境

在差異化教學的教室裡面，學習環境它被認爲是學生成功的關鍵。老師們要有意識且有目的性地苦心經營一個和善誘人的學習環境，並也要抱持著這樣的心態去設計課程與教學實作。事實上，老師們認爲這三個元素——環境、課程、教學——它們是緊密相關的。老師們也明白學習環境會影響學生的情感需求，而這緊接著會影響學生的認知與學習。爲了讓學習環境能影響學生，運用差異化教學的老師要幫助學生明白的是：

- 老師歡迎也珍惜他們原本的模樣。
- 老師對於他們學習的能力有信心，並且會無所不用其極地幫助他們學習。
- 要一起合作、共同成長。
- 學習的過程中難免有起伏跌宕，不用

怕在班上犯錯。
- 努力會帶來顯著的成長。
- 教室裡的例行公事與進度安排，都是爲了要讓每個人知道如果他們想要成功的話，他們該做哪些事。

會主動顧及學生差異處的老師

孩子們從很小的時候開始就知道我們之中，有些人很擅長踢球、有些人很會講好笑的故事、有些人很精通算數、有些人很懂得取悅其他人。他們也知道我們之中，有些人要很努力才能讀懂一張紙上面的文字、有些人無法控制情緒，還有些人肢體不太協調。孩子們似乎都能接受一個人人不盡然相同的世界，他們並不會努力地想要讓每個人都變得一樣，他們反倒努力地想要尋找個人的勝利，而在他們受到他人尊敬、重視、在乎，即使是被連哄帶騙地完成他們原以爲自己做不到的事情的時候，這種勝利感它會油然而生。

實行差異化教學的老師們都很明白，人人皆需要被照護、被庇護，需要安全感、歸屬感、成就感、貢獻與自我實現。他們也知道每個人在不同的時程、在受到不同因素的影響時，他們

18

會努力地在不同的領域之中找到這些感覺。這些老師知道藉由關注人與人之間的不同，他們有辦法去幫助每一個學習者滿足一般的需求。我們的經驗、文化、性別、基因密碼以及神經傳導，皆能影響我們學習的方式以及我們能學到哪些東西。所謂一種教案就能適用每位學習者，不過是一種錯覺，學習也不應該是一個「不學是你家的事！」（take it or leave it）。想要進行差異化教學的老師反而要接受一個概念，也就是說，他們將需要創造出各式各樣的道路好通往重要的學習目標，並且協助學生去辨識出哪幾條道路最能幫助他們邁向成功。

這些老師們也心知肚明，有些學生需要老師額外的加強指導才能對自己去年學過的數學多一點自信心，但同時班上其他學生可能還覺得今年的數學不算太難。他們也明白，有些學生學起英文來一蹴可幾，但其他學生可能就得非常努力了。他們也了解，每一個學生都帶著他們各自的才能來到這個班上，這份才能需要被人看見、被人肯定、被人發展，而且他們也明瞭學生之間永遠不可能出現一模一樣的才能，即使那些從前一般在學校會被特別重視的才能，它也不可能會一模一樣。真正實行差異化教學的老師也會明白，有的學生需要老師時常給予鼓勵，好去平衡他們平日在家時被消磨殆盡的自信心。比起對學生怒聲譴責，老師們會看到有的學生們對於老師的溫言勸誡比較有反應，然而有的學生們則覺得老師嚴格要求才算得上是對他們的一種尊敬。老師們得承認他們在遇到那些極度害羞的學生時，在學生們準備好要上臺發言之前，不如先讓他們在紙上「暢談」，而其他的學生可能還比較樂得拿教室當成他們的個人舞臺。老師們得知道有些學生就是需要老師指導，他們才有辦法學會不去排擠同學；而有的學生就是需要老師的協助，才有辦法控制自己的脾氣而不致失控。換句話說，努力地想要幫到每一個學生的老師，他／她自己也同樣地在努力回應每位學習者之間，不可避免的認知差異與情感差異。

協助學習的課程組織

沒有任何人可以學透每一本課本上的所有內容，更別說是某一項領域或是原理。大腦的設計就是如此，即使是我

們當中最有才幹的人，也常會遺忘多數的事情，無法牢牢記住。因此，重要的是教師要如何整合出學習者們在某個特定領域裡，真正該知道、該明白與該做到的事情。

在差異化教學的教室裡，老師會仔細地調整課程，呼應每一個學科的重要知識、理解與技能。在上完課離開教室的時候，學生能夠扎實地學習到該堂課的知識、理解與技能，但他們不會帶著自己已經無所不知的態度離開這間教室。

老師越清楚明白一個主題裡真正重要的是什麼，就越能夠以一種每位學生都覺得有意義、有趣且適當的方式向他們介紹這個主題。老師若能對主題了然於心，就可以確保中後程度的學習者不會被淹沒在一堆零星的事實與資訊之中；就可以確保程度中上的學習者能把時間用在獲取重要的複雜資訊上，而非只是反覆地做同一件事情或是光努力閱讀更多的東西。對主題越是了然於胸，也就能讓老師、學習者、評量、課程、與教學在一趟學習的旅途中緊密結合，這樣一來才有可能累積出每一個孩子的個人成長與自我成功。

若能知悉學習的發展過程或是知曉一些重要內容上該有的教學流程，老師就能根據學生學習的起始點與學生當下的學習情況，幫學生決定下一步是什麼。以一個方式來比喻好了，如果設定一個目標，想讓學生從邁阿密出發前往波士頓，老師就要注意學生在抵達終點之前他們每個人每天所走過的路程。老師不會打算讓某些學生只到達亞特蘭大就好，他也不會讓某些學生最後跑去洛杉磯。而另一方面，有許多高速公路或鄉道都可以通往波士頓，也有各種不同的運輸工具與時刻表可供使用，老師不需要覺得自己一定得讓每一個學生在每一天都要走上一樣的距離，也不是得讓學生都搭乘一樣的交通工具。

密不可分的評量與教學

在差異化教學的教室裡，評量是具有診斷性且持續進行的。針對學生在某些主題與技能上的準備度、學生的學習興趣與學生的學習途徑，評量會日復一日地提供教師相關的資料。教師們不要把評量看成是一個單元結束時用來釐清學生到底學了哪些（或是沒學哪些）的工具，評量它反而是用來讓我們今日

知悉自己要如何修正明日教學的一種工具。

從老師與一些學生之間的小組討論、全班討論、學習日誌、學習檔案、學習查閱卡、學生技能清單、前測、回家作業、學生意見或興趣調查表、教師課堂觀察學生特定能力展現的檢核表，以及其他各種檢核工具，從以上事物身上都能獲得形成性評量的資料。這樣的正式與非正式的評量都能讓情況浮上檯面，讓我們知道到底有誰真的懂了重要概念、到底有誰能真正做出他們該學會的技能、其精通程度為何、到底有多感興趣。接著老師就能設想隔日的課程內容——甚至重新設計今日的課程內容——目標是幫助每一個學生都能從他現在的學習位置上再往前進步一點。再者，老師知道課堂的一個重要目標就是要幫助學生為自己的學習負責——協助學生去意識到自己的學習目標，能更加意會到他們自身與這些學習目標之間的關係，並且能夠擬定計畫，讓他們的行動持續邁向（或者是超越）這些學習目標。鼓勵學生分析他們自己的作品與這些目標和成功標準之間的關聯，這樣一來它有助於幫助學生們不斷成長，成為日益獨立、有行動力與效能的學習者。

在學習過程中的基準點——像是一個子單元上完時，或者是一個完整的單元結束時——使用差異化教學的教師就像其他多數的老師一樣，也會用總結性評量正式記錄學生的學習成長。不過，他們會用各式各樣的評量工具，好讓所有的學生都能全然展現自己習得的技能與理解。一直以來，評量都是要用來讓學生展示他們自己知道了哪些、明白了哪些，以及他們可以做到哪些事情，而不光只是記載他們到底犯了哪些錯誤。

根據學生的學習準備度、興趣、與學習歷程來修正學習內容、過程與成果的教師

使用差異化教學的教師會慎用評量的資料，來協助自己修正教學的內容、路徑、成果或是教學環境。**內容**指的是老師想要學生從某一個指定的篇章段落中學到的東西、或者是學生透過某些學習材料與途徑，可以從中明白到某些重要的訊息。**路徑**指的是那些被設計用來保證學生能運用重要的技能，以便能夠去理解、運用與轉換重要知識及理解的活動。**成果**指的是工具，透過它們學生能夠展現與延伸他們所學到的東

西。

在學習準備度、學習興趣與學習風格上面，每一個學生都不一樣。**學習準備度**是一個學生在某項知識、理解或技能上相對應的起始點。舉例來說，某些學習準備度較低的學生，可能會需要：

- 某個能幫助他們辨認出來並且彌補過去學習漏洞的人，好讓他們能進步；
- 更多直接教學或練習的機會；
- 一些結構嚴謹或更具體、更簡潔、更靠近他們個人經驗、不需要太複雜的閱讀技巧的學習活動或成品；或者是
- 一個更步步為營的學習歷程。

而另一方面，程度較好的學生可能會需要：

- 直接跳過先前已精熟的技能與知識練習；
- 一些複雜的、開放性的、抽象的、多面向的、會用到更難的閱讀材料的活動與成品；或者是
- 一個輕快的學習歷程——又或者是一個略為緩慢的學習歷程，讓他們能針

對某一個主題進行更深入地探索。

學習準備度並不是固定不變的，在有的地方上學生會很吃力，但有時候來到其他地方上學習又變得很快。學習準備度它並不是學習能力的代名詞！

學習興趣指的是一個學習者對某一特定的主題或技能的學習傾向、好奇心、或者是熱情。一個學生很有可能因為對音樂有興趣，所以當她的數學老師提到數學上的分數概念與音樂之間的關係時，她會比較願意學分數的概念。另一個學生他深受美國大革命吸引，可能是因為他對醫學特別著迷，所以老師給了他一份作業，要他針對美國大革命期間的醫學寫出一份報告。而另外一個學生他對《羅密歐與茱麗葉》的故事特別有感情，在他發現這個故事與出自他家鄉文化的一則故事十分雷同之後。

學習途徑指的是一個學習者學習的諸多方式，它可能受學習者自身的智能傾向、性別、文化或學習風格所影響。有些學生需要跟其他同學討論，他們才有辦法學得好。而有些學生喜歡自己一個人做事，擅長書寫而不擅長小組討論。有的學生學東西的時候喜歡先

從小處著眼，再慢慢放大；但有的學生就需要先看到全局，才能明白各項特定的部分所具有的意義。有些學生喜歡具有邏輯性的、或是分析性的學習方式，而有些學生喜歡具有創意性的、應用導向的課程。這不是什麼怪事，有的學生在學數學的時候喜歡某一種學習方法，但換成歷史或英文的時候，就偏好另外一種學習方法——又或者是學一個已經熟悉的內容時，喜歡某一套方法；但學新東西的時候，又喜歡另一套方法。差異化教學的目標並不是要把學生貼上標籤，也不是把學生分門別類成好幾個「種類」；目標是要提供各種方法讓學生去學習，然後幫助學生從這些方法當中決定有哪些途徑——或者是能提出有哪些途徑——對於他們在某些時刻的學習最為有用。

老師可能會在上到某一課或某一單元的某個地方時，根據學生的一到多個特質（學習準備度、學習興趣、學習風格）而調整課程的元素（內容、路徑、成果）（請見圖2.1）。然而，老師並不需要在每一個單元都無所不用其極地進行差異化教學。一間管用的差異化教學的教室，它在多數時候採用的是全班性的、不進行任何差異化的教學模式；它在某些時候教師則依據學生的學習興趣，而進行差異化教學；它有的時候則精心安排不同學習準備度的學生混合分組。只有在以下兩種情況發生時，修正課堂教學的元素才是一件有意義的事情：(1)班上有一個學生需要你這麼做，以及(2)你有理由相信，這樣的修正可以增加學習者明白重要概念與更懂得使用重要技能的可能性。

教師與學生在學習上的同心協力

教師才是學習的主要建築師，但是學生應該要在設計與營造上雙方一起合作。教師的工作就是要知悉有哪些東西能夠架構出基本的學習、要有能力診斷分析、能開立處方解決問題、能根據學習內容目標與學生需求去改變教學方式、能夠讓教室運作流暢、能善用時間。然而儘管情況如此，學生在許多地方上他們都還是能夠影響教室組織、運作與其效能。

學生能夠提供診斷性的資訊、發展班規、參與以這些班規為基準的管理過程、學習如何善用時間這項寶貴資源，並且主動地幫助彼此學習。學生能讓老

圖2.1
教學差異化

差異化

是教師對於學習者需求的**前瞻性**回應

由思維形成

且由差異化的一般原則所引導

| 一個能鼓勵與支持學習的環境 | 優質的課程設計 | 能提供資訊給教導與學習的評量 | 能回應學生差異的教學 | 領導學生與管理例行事務 |

教師能透過以下方式進行差異化

内容	路徑	成果	情感／環境
學生要處理的資訊與概念，好達到學習目標	學生如何吸收與理解内容	學生如何展現所知、所理解、所能做的	教室裡的氛圍與風氣

根據學生的

學習準備度	學習興趣	學習風格
一個學生有多接近特定的學習目標	激發學習的熱情、喜好與人際關係	偏好的學習方式

透過各種教學策略，像是

學習／興趣角 ■ RAFT策略[1] ■ 閱讀架構圖 ■ 鷹架閱讀／寫作
學習的智能偏好 ■ 分階作業 ■ 學習契約 ■ 學習選單 ■ 九宮格（Tic-Tac-Toe）
複合式教學（Complex Instruction）[2] ■ 獨立性計畫 ■ 各種報告的選擇 ■ 小組教學

---

[1] RAFT寫作策略（為Role-Audience-Format-Topic的縮寫，意指角色—觀眾—格式—主題），此策略的目的在幫助學生理解他們作為寫作者的角色、他們所要面對的觀眾、各種不同的寫作格式與他們將要書寫的主題。

師知道有哪些時候學習的內容或任務對他們太難或者太簡單、有哪些時候學習是有趣的（或無趣的）、有哪些時候他們需要幫助，以及有哪些時候他們已經準備好可以自己做事。當學生成為形塑課堂經驗細節的夥伴時，他們也在發展學習的自主權，並且變得越來越了解自己、懂得欣賞彼此，能夠做出讓他們自己與其他同學學得更好的選擇。對於其他同學與老師而言，他們會成為更棒的學習夥伴。

在實行差異化教學的教室裡，教師是領導人；就像所有具執行力的領導人一樣，教師她會仔細照顧下屬，並在整個旅程當中鉅細靡遺地照看他們。同心協力地，教師和學生們一起計畫、擬定目標、監控進度、分析成敗、尋求更多的成功、從失敗中學習。有些決定適用於全班，而有些則針對個人。

一間差異化的教室必然以學生為中心。學生是工作者，教師則調配時間、空間、材料、活動。隨著學生學習自助、幫助老師、互助彼此去達成團體與個人目標時，教師的效率將會有所增長。

平衡團隊與個人規準的教師

在許多班上，一個學生要是無法達到五年級生的「標準」時，他就是個「不成功的」五年級生。如果他始終落後於該年級應有的水準，不論他在班上比其他同學進步多少，都不會被認真當成一回事。同樣的，我們通常期待一個五年級生她就該做好五年級該學的課業，不論她是否早在二年前就已經達到應有的水準或是早已具有完成作業應有的能力。對於這樣的學生，我們總會說：「她自己一個人就可以了，她已經做得很好了。」

採用差異化教學的教師們很清楚

2　複合式教學的目的在於建立公正的學習機會。採小組教學，學生以小組形式一起工作，依據每位學生擅長的學習智能來安排組別，教師須運用多元語言提供教材和教學、統整閱讀和寫作方式，讓學生完成預設的學習目的。同時教師要讓學生在真實世界中發展多元智能，教學過程中要運用多媒體、運用許多不同的才能，允許一或二人而非一整組，更有效率地完成作業。

一般的規準為何，並會持續關注它。他們也清楚個人的規準為何。當一個學生努力在扮演學習者的角色時，教師此時有兩個目標：其一是去加速學生儘快學習現下的知識、技能與理解，並確保學生真正理解了這些重要技能，且他們能夠有意義地使用它們。其二是確保該生能穩定地朝團隊目標前進，或是超越這個目標。換言之，使用差異化教學的教師會努力讓某個年齡層或某個年級的學生，去獲得對他們而言十分重要的學習成果。不過這些老師也知道這些通往團隊目標的途徑必須要能夠適合個人；他們知道這趟旅程不能是步伐齊一的；他們知道雖然對某些學生來說，他們很渴望一些特定的目標，但它們可能不適用於其他人身上。因此，實行差異化教學的教師得持續追蹤學生的狀態，注意學生隨著時間累積是否有達成團隊目標，以及個人的成長。

一個厲害的教練並不是靠他自己，或是靠著把他隊上所有的選手都訓練得一模一樣而成名的。要想變得厲害，以及想把所有選手都變得厲害，這個教練必須讓每位選手在有限的時間內進入他／她自己最好的狀態。教練從不忽略選手理解上與技能上的瑕疵，然而所有的選手們都是從他們自身的力量與能力發展出自我，而非從對自己的不足感。對於任何團隊成員來說，並沒有所謂「夠好了」這回事，他們永遠都有下一步要踏出去。在一個行之有效的差異化教室裡，評量、教學、回饋與評分都算是團隊與個人的目標和規準，並同時教導學生以身為學習者和個人的身分，持續地發展他們自己獨特的能力。

彈性的師生合作

誠如交響樂團是由許多人、各種聲部、樂器組、與獨奏者所組成，一間差異化教學的教室也同樣由許多人、各種小團體、與整個班級所構成。他們都同樣努力地去「學著合奏」，藉由各式的樂器、獨奏演出、在團體中的各種角色來完成。偶爾，他們會分組練習，或是獨自練習；偶爾，他們會一起練習。付出這些努力，目標就是想加強團隊中每個成員對樂曲的精熟度，並讓演出能一致且有意義。

為了滿足全班這個群體中各種不同的學習需求，老師與學生彼此得以各式各樣不同的方式合作。他們彈性地使用

教材，並且採用彈性的步調學習。有的時候全班一起合作，但有的時候分成小組學習反而更有效。有的時候每個人都拿同樣的資料，但有的時候大家各自拿不同的資料反而更有用。有的時候每個人都要在十二點十五分完成作業，但更多時候當某些學生已經寫完作業，其他的人可能還需要多一些時間才能完成。

有時候老師會決定哪些人一起合作，有時候則由學生們自己決定。當由老師來做決定時，她可能會根據學生們在某些特定學習目標上所需的相似學習準備度、興趣或學習風格，而把學生們分成好幾組。而在有些時候，為了達到其他的目的，她會把不同學習準備度、興趣或學習風格的學生分在同一組。偶爾，學生的回家作業是隨機決定的。換句話說，分組這件事情很有彈性且充滿變化，它既回應學生的需求，也回應學習內容目標，分配給各組的任務也被設計來能夠發揮組內成員的長處。老師既不會當學生是一群「燕雀」，也不會把他們看成是一群「鴻鵠」，她也儘量不讓學生以這樣的字眼去看待他們自己與班上其他同學。有時老師是學生主要的助手，但有時學生才是彼此的助力。

在一間差異化教學的教室裡，老師會使用形形色色不同的教學策略，好讓她能專注在個人與小團體上，而非只關注全班。有些時候，學習契約有助於教學；而在其他時候，自主研究反而比較適合。最終的目標，乃是要結合學習者以及有適當難度與趣味的重要知識與技能這兩者。

表2.1比較了差異化教學的教室與非差異化教學的教室，這兩種教室在教學方法上的諸多不同處。當你／妳一邊讀本書其他的章節以及當你／妳思考自己的班級時，不妨在這個表格裡加入你／妳自己的想法。請記得，一間絕對傳統的教室與一間絕對差異化教學的教室（假設現實生活裡存在這樣的兩極），這兩種教室之間其實還存在著很大的空間。

不妨拿這個表格當成一個好玩的自我檢測表，把表中的兩個比較項目當成連續函數（continuums），你／妳覺得自己現在的教學是屬於哪一種，就在格子內打個叉；你／妳希望自己的教學會變成哪個樣子，則在格子內打個勾，去看自己會得出什麼樣的結果。

表2.1
比較兩種不同的教室

傳統教學的教室	差異化教學的教室
學生的差異處經常被掩蓋，或是遇到問題時才處理。	珍視且研究學生之間的差異性，將之作為教學計畫的基礎。
最常在學習告一段落時才進行評量，看看有誰「搞懂了」。	評量是持續不斷進行的，並具有診斷價值，有助教師明白如何讓自己的教學更能回應學習者需求。
相對而言，比較不管多元智能。	顯然地，聚焦在多元智能上。
老師相信有的學生很聰明，有的很笨，並根據學生的水準而教。	教師相信所有的學生都有能力邁向成功，並藉由「教出卓越力」與進行差異化教學來支持這樣的信念。
對於**優秀**只存在一種定義。	**優秀**的定義是個人的成長與可被檢視的規準。
不太開發學生的學習興趣。	學生時常被引導且鼓勵去做出以個人興趣為主的選擇。
相對而言，較少提供各式學習方法。	不斷地使用許多教學與學習的方法。
由全班性集體講授所主導。	使用許多教學分組。
教學受到授課進度、課程手冊、或內容目標所侷限。	教學計畫會受到學生的學習準備度、興趣與學習方法所影響。
學習的重點是精熟事實，或者是脫離生活情境的技能運用。	學習的重點是核心知識的使用與核心技能的習得，或者是能夠向外擴展自己的理解。
單一選項的作業形式是一種常態。	多種選項的作業形式是一種常態。
時間相比之下，比較沒有彈性。	彈性使用時間，並且能夠呼應學生的需求。
只用單一文本。	提供多樣的教材與學習資源。
對於想法或事件只有一種詮釋，或是只有一個正確答案。	對於想法、議題與事件會去尋求各種不同的觀點。

表2.1（續）
比較兩種不同的教室

傳統教學的教室	差異化教學的教室
老師會指示學生的行動。	老師致力於發展學生對於自我信任與團隊合作的技能。
由老師負責解決多數的課堂問題。	學生會彼此幫助且幫助老師一起解決問題。
大部分時間使用單一的評量。	會用各式各樣的方式與模式評量學生。
評分的整個過程所傳達出的訊息僅限於學生表現的成果，並不顧及整個學習過程或是學習進展。	評分的過程反映出學生的學習表現、學習過程與其成長。

支持有效差異化教學的三大支柱

　　沒有任何專門的公式，可以讓我們打造出一間差異化教學的教室。有效的差異化教學其實是由一種教育哲學、一系列的原理原則與一些重要的教學策略所統御。也就是說，差異化教學是啟發式的，或者是由原理原則所驅動的，它並不是規則系統式的，也不是由公式所驅動的。

　　圖2.2解釋了形塑差異化教學的三個核心。在本章結束以前，我們會先談這三大支柱的第一根柱子：形成差異化教學策略的哲理。至於第二與第三根柱子——讓差異化教學成功的原理原則與教學策略——則會在第四章到第八章進行討論。

差異化教學的教育哲學

　　芸芸眾生隨著自己累積的付出，活出他們的生命。從很早開始，我們就對於很多不同的事情產生了信念，透過我們自己的諸多經驗，不論是大是小，我們測試這些信念，並且加以修正。沒有幾個年輕人是帶著可靠且豐富的育兒經驗而成為父母的，一對新手父母他們反

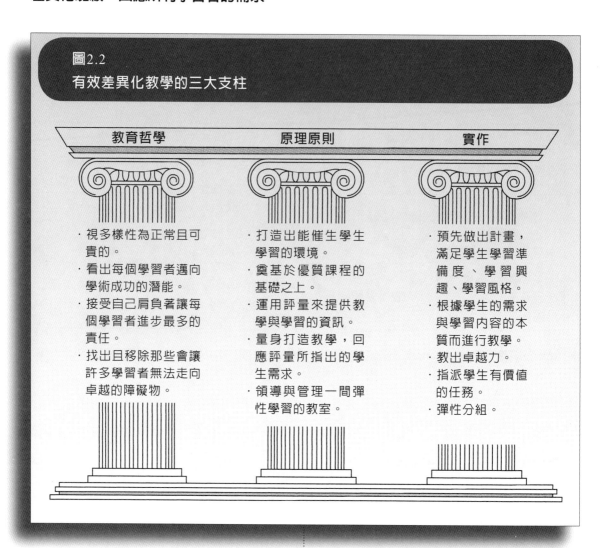

圖2.2
有效差異化教學的三大支柱

教育哲學

· 視多樣性為正常且可貴的。
· 看出每個學習者邁向學術成功的潛能。
· 接受自己肩負著讓每個學習者進步最多的責任。
· 找出且移除那些會讓許多學習者無法走向卓越的障礙物。

原理原則

· 打造出能催生學生學習的環境。
· 奠基於優質課程的基礎之上。
· 運用評量來提供教學與學習的資訊。
· 量身打造教學，回應評量所指出的學生需求。
· 領導與管理一間彈性學習的教室。

實作

· 預先做出計畫，滿足學生學習準備度、學習興趣、學習風格。
· 根據學生的需求與學習內容的本質而進行教學。
· 教出卓越力。
· 指派學生有價值的任務。
· 彈性分組。

而是隨著時間流逝，有目的性地反思自己的育兒經驗、調整經驗、強化經驗、修正經驗，才得以變得可靠且有原則。

同樣的，沒有幾個老師是帶著淵博且經得起測試的教育哲學而開始他們最初的教書體驗的。最優秀的老師們反而是隨著時間而有所進化，受到嚴謹的檢視與反思他們的工作成果，因而能逐漸地不受到習慣、屈服或為求方便所影響而在工作上做出決定，反而能根據那永遠能指出真正的北方，有如羅盤般的哲學思想而做出決定。換言之，這些教師越來越把他們的作為視為是一連串信念的表現，這些信念賦予他們的工作意義與目的，遠遠超過只盡教書的職責而已。在開始著手處理班上學生的差異性

之前，不見得得先擁有一整套完整的哲學思想。不過，隨著時間、經驗與想法的累積，很顯然地，差異化教學的實行與某些基礎的信念彼此一致，這些信念包含理解每個人的價值、何謂變得更人性化，以及教書與學習如何能夠同時抬高教師與學生的能力，並且拓展他們的能力。差異化教學即深植於此，它並要求實行者們能發展出足以抬升人類潛能的能力。差異化教學的「哲學」奠基於下列的基本原則：

多樣性是正常且可貴的。每一條生命都與其他生命不同，而每一條生命都無價。我們的生活因為眾聲喧譁與經驗裡的諸多面向而充實，廣納異己的學習社群要比起排除異己的社群來得強大。

每個學習者都具有隱藏起來且能向外擴展的學習力。教師扮演的重要角色就是要能夠傳達給學生一種信念，相信學生有能力達成（有時往往會超越）重大的學習目標，教師要能夠輔佐學生努力學習、聰明學習，以達成重要的學習目標，教師還要能夠搭建起讓學習成長的鷹架，一步步地讓學生能多多（雖然不見得每次都行）體會到伴隨努力而來的必定是成功。

老師的責任就是成為學生成功的工程師。顯然，學生在成功這條路上扮演一個最根本的角色，就像他們的家庭一樣。但儘管事實如此，老師的工作還是要代表學生去呼籲他們努力、告訴學生他們自己有多努力，並且多支持與鼓勵學生的家庭。就像有一位老師說的：「當我班上有一個學生被當了，我也一樣被當了。」

教育者們應該要成為每個踏進學校大門的學生的鬥士。對於各種不同形式的「能力分組」，到處都存在著許多支持與反對的聲浪。從本書的目的來看，我們可以坦然地說，當我們根據我們所觀察到學生能做的事情而在教學上將學生分成好幾組的時候，我們已經傳遞給他們某種訊息，令他們覺得同質性它比社群來得重要、覺得在老師心中只有某些學生才是真正聰明的。對於那些被貼上程度不佳的標籤的學生而言，他們很難不得出一個結論，那就是認為學校是一個更有可能放棄他們，而不是拯救他們的地方。而對於那些被尊為「聰明的」學生，能力分組的班級只是給了他們更狹隘的世界觀，並產生一個高風險的結論，以為聰明的人都不需要

努力。至於那些被歸類為「介於中間」的學生，傳遞出的訊息則似乎是說：「你們很一般。雖然在學校的時候，你們不會大難臨頭，但很有可能那些少數值得紀念的時刻也不會到來。」貼在人們身上的標籤，總是標著驚人的價格。

但是，比起教室內滿是有著迥異學習需求的學生，然後硬是當他們每個人都一樣而直接上課，還不如根據有限的資料、為了教學方便而把學生分組來得實在。我們活在人類歷史中的一個時間點，現在的世界真正的成了一個地球村，而我們需要向彼此學習如何共生共存，如果教室實際上就能成功地讓來自世界上不同社群的成員一起合作的話，這似乎是個更棒的替代方案。「（在民主社會裡，）教育就跟公平、機會、與認可每個人的人性有關。」（Ayres,2010，第138頁）

差異化教學是一個設計用來引導教學的模式，它提供給每一位學生同等的機會邁向卓越。為了走到這個終點，採用差異化教學的教師要相信每位學生都有成功的能力，所要經營的課程能夠讓每位學生都能運用重要的概念或原理原則，讓每位學生都能成為這堂課背景下

的一個思考家或問題解決者，教師要有辦法為每位學習者搭建出他／她要踏出的下一步，穩紮穩打地朝重要的學習目標走過去，並且超越它們，教師要能創造出一間教室，主動支持其中每一個成員的成長。

● ● ●

當你／妳一邊讀這本書、一邊想著自己身為一個老師現下做過的作為，以及受到本書啟發而想以一個老師的身分再繼續做點事情的時候，不妨花一些時間去想一想你／妳講得出口的（以及講不出口的）教育哲學。你／妳心中的教育哲學的核心價值，它們如何展現在你／妳與學生的互動上面？它們如何展現在你／妳對於課程的想法以及教學例行事務上面？你／妳現在心中的哲學思想的核心價值，它們如何幫助你／妳成為一個教育者？這些核心價值又以哪些方式侷限了你／妳的影響力？經過深思熟慮所產生的教學，它有能力造就一個老師的自我實現，這乃是個不爭的事實，這樣的教學它也能為那些跟老師互動的年輕學子們實現自我。

重新思考我們該如何教學以及為誰而教

「不要管我怎麼教」是常見的口頭禪。我們把越來越多學生不想學習的問題歸咎於學生、家庭或社會，而不是老師或學校的問題。這是不可能用立法來改革教學的觀念。政策的變革往往沒有什麼影響力。海面上風暴的影響是「表面激動和動盪，然而海底卻是平靜和寧靜（即使有點模糊）。政策大打折扣，卻製造出表面上看似有重大變化……表面下的生態，依然故我。」

——John Hattie《可見的學習》（*Visible Learning*）〔引

自 Larry Cuban《如何教學》（*How Teachers Tought*）一書〕

有些人認為差異化教學是一個比較新的概念，是從教育「創新」開始的。其實，其基本原則相當古老，在孔子的著作、古代的猶太人和穆斯林經文中皆有提及：**人們的能力與優勢各有不同。差異化的教學只是把這些差異考慮在內罷了。**

在近代歷史上，美國與加拿大只有一間教室的學校，和世界上其他的地區實行差異化。6歲和16歲的孩子每天都來到同一間教室。老師備課必須面對一個事實，那就是必須使用相同的閱讀

書籍或用同樣的數學問題來教導教室中的每一個學生，而教師的備課必須面對一個眞相：一個16歲的學生可能比6歲的學生，需要更多的基礎數學教導和練習。今天，我們對所謂的差異化教學的理解源於對人類大腦以及孩子如何學習的了解。簡要介紹近幾十年來有關教學和學習知識演變，對於理解差異化的基礎是有用的。

教育的變革

回想一下75或100年前你所知道的人類生活，再快轉到今天。在許多方面，那些年代所反映出比歷史上有紀錄的，呈現出更多的變化。例如：想想 100年前的農業和今天的農業、想想關於100年前的醫學和今天的醫學、想想看100年前和今天的交通運輸、想想看21世紀，在工程、娛樂與通訊的改變，這些轉變是令人眼花繚亂的！雖然我們很多人屈服於偶爾懷舊的心情而想到「過去的美好時光」，我們當中很少人會選擇過去的醫生、過時的通訊系統、時尚或雜貨店。

儘管我們可能認爲學校是一個靜態的企業——遺憾的是，有時我們的作法也是靜態的——作爲教育者，我們了解到今天有很多關於教學和學習的事情，是我們無法在一個世紀或甚至幾十年前就知道的。其中一些見解源自於心理學和大腦科學。其他則來自教室內的持續觀察。無論他們的起源是什麼，這些教育變化都是一點一點像是從鉛筆到打字機到個人電腦一樣的變革——從石板、紙板到平板電腦。

當前的教學知識

我們不斷想理解兒童如何學習與如何讓老師獲得這些知識。但獲取所有這些訊息已經遠遠超出了這本書的範圍，但在本書中概述了幾個最近的觀點。

衷心地施行差異化教學，可以成爲最佳的科學性與體驗性的教學見解，而不是圍繞它們而終結。我們目前對於學習的理解提供一個教室，它可以穩固支持這種彼此認同、榮譽與人格教化。以下是四個當代對學習者的理解，以及當代的教育者無法使用他們的專業來引導學生學習。所有這些都是差異化的觀點與實踐的中心思想。

智能是可變的

過去半個世紀的智能研究指出了我們對智能的理解是智能為多面的，而不是單一的。Howard Gardner（1991, 1993, 1997）表明人類有八種智能：口頭語言的智能、邏輯數學的智能、視覺空間的智能、身體運動學的智能、音樂節奏的智能、人際關係的智能、內在智能、自然智能，以及一個可能是第九個智能：存在的智能。當然，這個數字已經從加德納首先提出的七項智能而改變了。Robert Sternberg（1985, 1989, 1997）提出三種智能：分析、實踐和創造的智能。在他們之前，其他研究人員，像是Thorndike, Thurstone和Guilford，確定了各式各樣的智能。雖然智能的名字有所改變，但教育家、心理學家和研究人員已經歸納出三個一致的重要結論：

- 我們以不同的方式思考、學習和創造。
- 我們的潛力發展，是被下面因素的交互作用所影響：
  我們被要求去學什麼，以及如何在學習過程中應用這些能力。
- 學習者需要機會發現和發展自己智能範圍的能力。

大腦是可塑的

我們相當理解人類可以促進以及增強我們的大腦，正如同我們可以讓肌肉成長以及增強肌肉一樣。換句話說，智能不是出生時的固定特徵或甚至在生命的初期固化。其實提供豐富的學習經驗給孩子可以增強自己的能力，拒絕這樣豐富的經驗會削弱他們的智能（Caine & Caine, 1994; Dweck, 2000; Sousa, 2010）。當他們積極使用這些神經元時，這些神經元會增長和發展；沒有使用時，它們則會萎縮。努力的學習真的可以改變大腦的機能（Caine & Caine, 1994; Sousa & Tomlinson, 2011; Sylwester, 1995; Willis, 2010; Wolfe, 2010）。這並不是因為我們與生俱來就是「聰明」或「不聰明」，或是註定我們會過著僕人般生活；相反的，我們有能力在生活中擴大我們的知識面（Dweck, 2000, 2008; Sousa, 2011; Willis, 2010）。

這些發現對教育者有很多顯著的影

響。教師必須有效地識別、評估和開發許多類型的智能，而不只一兩個。缺乏豐富學習經驗來上學的學生，可以透過教室豐富的經驗彌補自己缺乏的部分。事實上，所有的學生都必須繼續充滿活力、學習新事物，否則他們則是冒著未能發揮大腦功能的風險。那麼教師的關鍵角色就包括兩者：一是確保學生受到適當的挑戰，可以讓他們從一個特定的路徑進入一個給定的探究主題，同時幫助學生理解並讓他們可以參與得越來越多，不論在態度、作法和心理習慣，都有助於大腦正向發展。

渴求意義的大腦

由於醫學領域成像技術的進步，我們現在可以探究人的大腦、它的功能與運作。這樣的觀察結果迅速擴大了對教與學的認識。我們現在知道對於大腦在學習中，最佳方式的重要細節（Caine & Caine, 1994, 1997; Jensen, 1998；美國國家科學研究委員會，1999；Sousa, 2011; Sylwester, 1995; Wolfe, 2010）。

大腦是在尋求有意義的模式，抵制無意義的模式。雖然大腦保留了單一或不同的訊息，但它更有效地保留「分塊」的訊息，這些訊息依種類、概念和想法而組織起來，以上是為了增加訊息的意義（美國國家科學研究委員會，2005）。大腦不斷尋求將部分連接到整體，個人透過連接新的知識到既有的知識來學習（Ben-Hur, 2006; Erickson, 2007; Sousa, 2011; Willis, 2006; Wolfe, 2010）。

大腦學習最好的時候是當它可以自己理解其中意義，而不是當訊息被施加上來的時候。大腦不會對具有表面意義的東西做出很大的反應，它會更有效率地對所傳遞出深刻的並具有個人意義的訊息做出反應，則它必須是有關於生命形塑的、有關聯性的、重要或觸動情感的（Sousa, 2011; Sousa & Tomlinson, 2011; Willis, 2006; Wolfe, 2010）。

大腦研究告訴我們很多有關學習者的個性，以及關於有效課程和教學的本質。它告訴我們每一個學習者的大腦是獨一無二的，教育者必須提供許多機會讓不同的學習者，可以整理出自己的想法和訊息。研究也提醒我們，當我們開始讓學生將小說連接到熟悉的個人經驗時，一個原本對孩子來說是新的小說，

可能另一個孩子已經開始熟悉它了；反之亦然（Sousa, 2011; Sousa & Tomlinson, 2011; Willis, 2006）。

　　我們從這項研究中，獲得的是課程必須建構意義。它應該依照種類、概念和原則，加以組織統整。深具意義課程的特點是興趣高昂與相關度高，它可以觸動學習者的感受和經驗。如果我們想讓學生記住、了解，以及能應用知識、訊息與技能，我們必須給他們充分的機會，透過參與複雜的學習情況，來理解或「內化」這些想法、訊息和技能。（Sousa & Tomlinson, 2011; Willis, 2010; Wolfe, 2010）。

　　大腦研究也強烈地表明，如果學習是一個把不熟悉的經驗與熟悉的經驗做連結的過程，那麼老師必須創造豐富機會讓學生可以將新的知識與舊有知識做連結。這可分為三部分：首先，教師必須確定學科的基本概念、原則與技能。接下來，他們必須成為在學生學習需求上的專家。最後，他們必須使用有關學習需求的訊息為學生提供差異化的機會，以構建學生的理解，藉由將他們所知道的知識與他們正在嘗試要學的重點做一個連結（Ben-Hur, 2006; Sousa &

Tomlinson, 2011; Willis, 2006）。

人類學習最好要伴隨中等程度的挑戰

　　我們透過對心理學和大腦更多的理解，現在才知道個人在有情境的情況下學習得最好，而這應該伴隨著一個中等程度的挑戰（Bess, 1997; Csikszentmihalyi, Rathunde, & Whalen, 1993; Howard, 1994; Jensen, 1998; Sousa & Tomlinson, 2011; Vygotsky, 1978, 1986; Willis, 2006）。　也就是說，當任務對於一個學習者來說太難了，學習者感到威脅就會「切換」為自我保護模式。一個受到威脅的學習者，無法堅持下去思考或問題解決。另一方面，一個太容易的任務也會抑制思維和問題解決，反而鼓勵學習者進入放鬆模式。

　　當一個具有挑戰的任務要求學習者冒險進入未知的範疇，但他們知道可以開始而這是會得到支持，以達到一個新的理解的程度。換句話說，這兩個學生一直失敗，而那些太容易成功的學生反而失去學習動機。為了讓學習可以持續，學生們必須了解他們需要努力並要有信心地相信努力就會成功。老師們也必須記住，在今天也許是適度的挑戰，

很可能到了明天就無法維持同樣程度的挑戰。挑戰必須隨著學生的學習成長，漸進式地增加難度（Sousa & Tomlinson, 2011; Willis, 2006）。

同樣，這種新知識為教育者提供了重要的指導方針。對於一個學習者來說，他所認為是適度的挑戰和激勵，但也許對於他的同學來說，則不構成是個挑戰（因此，也不會有動機）。然而，同樣的任務可能對另一個同學來說是會構成壓力的。學習任務必須根據每個學生的適當學習區間進行調整。另外，任務必須為了學生持續學習，逐漸增加其複雜性與挑戰性。

想想我們的學生

當今學校的學生組成仍無法多元。有肢體與嚴重認知困難的孩子留在家中。來自貧窮家庭的兒童，包括新移民子女，他們在工廠工作或從事其他工作以支撐家計；農場的孩子們在田間工作，只有在沒有種植農作物或豐收的季節才去上學。由於女生傳統角色的緣故，女孩經常被排除在高等教育之外，她們去結婚、撫養孩子、經營家庭，而

這些女性不需要太多的學術研究。非常富有的孩子，常常有家庭教師或是就讀專門的寄宿學校。

不久以前，大多數孩子上學時父母都在家。家中父母至少有一個，通常在孩子早上離開的時候或下午回到家的時候都在那裡。我們現在教很多的孩子，他們出自單親家庭。我們的學生中，父母很少是早上上學與下午放學都在家的。雖然單就這個事實本身來看不一定是消極的，它其實使兒童的生活更加複雜化。有時孩子會害怕這種孤立感。許多情況是缺乏穩定的機制，來監督孩子學校的進度或家庭作業——甚至是到校聽取學校的宣告事項。

我們教的孩子，不管網路的效益是好是壞（搞不好兩者兼具），耗在網路的時間很長。他們的世界跟他們父母的比起來可以說更大，也可以說更小。他們知道的更多，但是了解的卻更少。他們習慣於快速且即時的娛樂活動，但他們的想像力可能不那麼活躍了。他們必須面對就兒童而言一度未知的現實和問題，但是許多兒童只有獲得較少的支援來探詢這些問題。他們知道在大人世界中的各種正向的可能性，但是他們卻不

知如何獲得這些訊息。這些年輕人放心地使用科技，卻嚇倒了許多「掌控」大人世界裡的大人。

今天，來上學的孩子比過去具有更廣泛的背景和需求。這些孩子中，許多缺乏老師曾經認為是理所當然的童年生活。很多都是在一下豐裕和一下貧窮的環境下長大。此外，這些養尊處優與資源匱乏的孩子間，存在著巨大的鴻溝。

公平和卓越間的掙扎

在每個教室裡，不管同質化程度如何，學生都無可避免地呈現出準備度與興趣上的廣泛差異、學習的不同方法，而且還有相當不同的學習動機——或至少是在學習這個教學主題的方面。簡單地說，任何學習環境下的學生，可以學得更好，如果他們的老師堅持把學生當人來看，確定學生他們對於基本內容目標有多接近，並用該知識來修正他們的教導以支持學生成長（準備度的差異化）、學習動機（興趣差異化）以及學習效率（學習風格差異化）。然而，差異化得以全部實現是當教育者了解並利用差異化來創造承諾，以達到有公平機會的優質學校與教室給這些年輕人，

他們的未來是會因為持續的成功地學習以及有持續學習的動機而產生很大的不同。

今天有很多學生來自這些無法長期的支持學生、在學業上成功的家庭。大多數這樣的情況是因為父母雖然對自己的孩子很關心，但卻缺乏對學校成功的認識或沒有資源或時間提供這種有利的支持。有時，學生上學並沒有獲得來自父母的愛所提供的安全。在這兩種情況下，我們有一些孩子他們龐大的學習潛力被埋沒，只因為缺乏經驗、支持、榜樣和計畫。如果學生學習潛力可以發揮，他們將可以使學校成功成為對生活基本的期待。另一方面，許多其他的學習者來到學校，伴隨著大人的大力支持以及他們的豐富技能和知識，他們在標準課程下，學習所預計要達到的進度，已經遠遠超前好幾個月甚至好幾年。

學校對學生的承諾，必須對所有這些兒童來說是公平的。教育者經常把公平說成是第一種情況下的孩子的問題，而卓越是第二種情況的孩童的問題。事實上，不管是公平或是卓越都應該是所有兒童的首要任務。我們不能為冒著學習落後風險的兒童實現公平，除非我們

可以確保最好的老師正準備要幫助他們建立課堂外的世界，所無法為他們建立的各種經驗和期望。我們要幫助這些可能冒著在學校失敗風險的兒童，要能顯著地、有系統地、大力地與有效地讓他們發揮潛力，這意味著幫助他們成功是需要用動態的與活躍的課程。我們必須與他們一起築夢，並在他們為這些夢想翱翔時成為他們持續的合作夥伴。公平和卓越必須是這些學生的成功路線圖上的一個部分。

在學校，於一個或多個領域，超出年級期望水準的孩子也需要公平的機會，從他們的先備知識起始點來發展，這是需要老師用堅決的決心以確保他們的潛力不被埋沒。這些孩子需要老師示範，讚揚和指揮卓越的表現——一個幫助他們有遠大夢想的老師，引導他們體驗、接受和擁抱個人的挑戰。公平與卓越兩者必須屬於這些學生路線圖的一部分，因為公平與卓越是屬於在我們身邊每一個學習者的。每個孩子都有權得到老師所允諾的樂觀、熱情、時間和能量，一個老師將每天盡可能地做到幫助學生發揮自己潛能的事情。對老師而言去回應任何一群孩子（或任何一個孩子），好像他們是不得體的、不便利的、沒有希望的，或是不值得注意的，這是不被接受的。提供公平的管道讓學生們可以達到卓越，是當代學校偉大的道德挑戰。

分組和追求公平與卓越

學校已經試圖以三種方式中的一種，來滿足全方位學習者的需求。首先，最常見的是，學校幾乎把所有特定年齡的學習者都放在同一間教室中，在這裡教學可以適度符合學生的學習需求。第二，學校將不符合規範的學生分開，因為他們努力掙扎地學習一個或者很多科目，這些科目比他們這個年級的課程要求更多，他們也沒有流利的課堂語言等。這些「非典型」的學生在上學日當中，有部分時間或全部的時間都在一般教室外進行，也就是在與教育者認為有類似學生的特殊教室裡。這個想法是，在這些環境中，老師可以更能夠照顧這些學生的知識和技能水準。然而，為了完全符合常識，研究卻顯示出，尤其是針對這些學習上在一個或許多方面掙扎的學生，就像是同質的學習經歷失敗一樣（Gamoran, 1992; Gamoran,

Nystrand, Berends, & LePore, 1995; Hattie, 2009, 2012; Oakes, 1985; Slavin, 1987, 1993）。

　　如果太常為了學習落後的學生而設計課程，教師對學生的期望會降低，教材會簡化，言談的氛圍會不好，而且進度也會拖延。當學生們看著他們的同儕時，他們只會看到那些沮喪或放棄上學的同學。太少數學生逃避這些安排，去加入更多的「正統」或進階的課程。換句話說，補救教學往往讓來補救的學習者繼續需要補救（Gamoran, 1992; Gamoran et al., 1995）。如van Manen（2003）所反映的：

　　一旦把孩子稱為是「一個行為問題者」，或者說是一個「低成就者」，或者一旦把他視為具有特定學習風格的人，具有特定認知運作的模式，那立即會傾向使用為特定教學介入所設計的教學技巧歷程檔案。接下來發生的，則是會放棄真正傾聽或看到特定孩子的可能性。相反地，把孩子貼上標籤，他們就好比受限於一個真正的監獄。用科技與工具語言把孩子分類，這才是真正的精神遺棄。（第18頁）

　　一些研究人員（Allan, 1991; Kulik & Kulik, 1991）表明進階的學習者被安置於加速且同質的班級，從快速的步伐、刺激的話語、教師較高的期望以及豐富的教學素材中獲益。換句話說，他們可以繼續進步。這些研究，然而，在同質的班級中的進階學生，在這班級中，他們的學習需求獲得認同與解決，如果拿這些學生跟在異質班級的進階學生相比，在那裡他們的學習需求沒有被認同與解決。針對異質班級的學生的成果，許多研究顯示，後者選擇反而可以成為可行的替代方案，取代進階學生的同質課程；重要的其實不是同質性，而是注意到進階學習者的學習需求（Beecher & Sweeny, 2008; Burris & Garrity, 2008; Rasmussen, 2006; Reis, McCoach, Little, Muller, & Kaniskan, 2011; Tieso, 2002; Tomlinson, Brimijoin, & Narvaez, 008）。此外，高度選擇性的學校對高能力的學生而言，實際上可以減少這些學生的自我概念而對學生的願望和課程決定，甚至可以影響多年（Marsh, Tautwein, Lüdtke, Baumert, & Köller, 2007; Seaton, Marsh & Craven, 2010）。

在理論上，創造學業異質的班級，只不過因為進階學習者存在，而能使所有學習者獲得卓越的公平性。課堂上所有的學習者，都將從特別為進階學習者所設計的高級課程與教學中獲益。這個假設以學校功能來說，有三個主要缺陷。

首先，掙扎中的學習者如果是被放置在異質的班級中，不會經歷很多長期性的成功，除非教師的教學能夠與他們的學習準備度符合，並系統地提升學習直到這些學生能夠像其他學生一樣有能力和自信地發揮潛能。把在掙扎中的學習者放在異質的班級中，可能表示對所有學生都有很高的期望，並不是那些落後而必須自己想辦法趕上期望的學生。這種作法並不會讓掙扎中的學習者，獲得真正的成長。

另一個挑戰是在異質的教室裡，進階的學生經常被要求不是要做比他們所知道的還要更多的工作，以確保其他學生的成功，因為在學校的時候，他們不斷當作小老師教導同學，或者去等待（那當然是耐心等待）當那些較不進階的學生，持續為了他們自己已經掌握的內容而努力。暗中地而有時卻明確地顯現出進階的學習者很好，而不需要特別去注意他們的需求，因為他們已經「達到標準」了。換句話說，許多教室的課程和教學往往是針對「一般的」學生，而沒考慮到進階學生的本質與需求。這種作法顯然無法讓表現超越課程期望的學生獲得真正的成長，因為這些課程所教導的他們都已經知道了。

通常實施異質班級的第三個問題是這個假設，也就是對異質教室中「典型學生」所做的教學適用於幾乎所有年齡層的學生。前提往往經常是每個人都可以從標準的，年級的教室中受益。事實上，這個標準往往低於我們的最好表現，即使是學生的表現在年級水準或接近年級水準而言是如此。到了21世紀，異質的教室通常仍然是用一個教學方法來教所有的學生，在這種教學下，標準化學習計畫吞噬了一些學習者，還刺激其他學習者，卻沒有辦法激發大多數的學習者。這樣的方法既不給予任何人公平性，也沒有提供讓他們卓越的機會。

相較之下，差異化提供了創造有效的異質班級學習社群的可能性，伴隨著彈性的課堂的慣例，這樣可以允許且同

時注意學生多樣化的學習需求。在這些教室裡，複雜的課程為所有學習者所做的教學準備的起點，對所有的學習者來說，對學習社群、公平與卓越都是有可能的。

我們知道的相對於我們所做的

儘管不得不獲取有關學習的新知，大腦如何運作，什麼才能構成有效的課堂分組，教室在過去的100年裡幾乎沒有什麼改變。我們仍然認為某一特定年齡的孩子彼此類似，因此足以能夠且應該以同樣的方式學習相同的課程。此外，學校的行為彷彿所有的孩子都應該盡可能在同一時刻完成課堂任務，而且學校修業年限對於所有學習者來說，長度應該是相同的。

為此緣故，教師通常運用教科書中特定章節的考試來評估學生對內容掌握的情況，以及利用在特定的學習期間的尾聲時進行總結性測驗。教師對這個特定年齡或年級的孩子，使用相同的評分系統，而不論他們在這一年開始學習的起始點為何，因為分數提供的訊息太少了，到底學生進步多少，要看學生的態度與學習習慣從之前的評分階段開始，對他們的成功與停滯貢獻了多少。到了這一學年尾聲，在這前提下，學校對在特定年齡的所有學生進行標準化考試，這必須要學生在考試日期前，在規定內容上達到平均水準。那些達到理想表現的教師、學生和學校就被讚揚；而那些表現未達預期水準的就被譴責，而完全不顧慮其背景、機會和任何可獲得的支持系統。

課程通常以目標為基礎，要求學生積累並保有各種事實，或去練習一些遠遠不具任何學習意義的技能。操練與練習的學習單仍然是主要的一種教育科技，這是一種扎根於三○年代行為主義的遺產。教師仍然普遍地運用「教師一人用嚴格的方式來教學」的課程，而教師在大部分的時間，比他的學生更努力而且更積極。

在學校實際關注智能發展的程度上，這現狀反映了一種信念，即只有狹義的分析性的語言片段和計算智能才是真正重要的。這幾乎跟一個世紀前的觀念是一樣的，當大眾相信一點點閱讀、寫作與計算，就可以讓學習者在成年時期夠用了，因為他們也是從事裝配線和

圖3.1
「另一個典型的學校的一天」

CALVIN和HOBBES©1993 Watterson。轉載於UNIVERSAL UCLICK許可，版權所有。

農業的工作。學校爲兒童準備好去參加考試比爲他們準備未來的生活還多。有時，漫畫家能夠比嚴肅的散文更能夠逼眞地描繪出這個觀點，見圖3.1。

當鎖定的學習方法對許多孩子來說並不奏效（而本來就無效），我們用我們所認爲是他們的能力而把他們分開，

根本不承認我們將學生分類的工具和過程在目的上具有嚴重的缺失，且根本沒有經過任何討論。如果有的話，是討論關於標籤和分類對學生身爲個人或整個社會的影響。然後我們可以系統性地確保最進階的學習者，可以得到最有經驗和最有活力的教師，而且有品質課程是

設計給他們作為思想家和問題解決者而做準備。同時，我們分配給能力最差的學生最新或受挫的老師，一年又一年，來教他們原本需要做持續練習的低階而無情境的技能課程。幾年後，當注意力的鐘擺轉向意識到學生在進階班級比低階班級，能夠進行更積極、更成功的學習。我們再度轉移到更多異質的課室安排，但很少努力地注意在「新」的情境下解決學生的需求。

把學生移到不同的班級，不是也不會成為創造一個給所有學習者的學校的解決方案。解決方案在於找到意願去支持教師在創意教學上的專業知識，在這教室中，高階課程是標準，而差異化是幫助廣泛的學生達到或超越嚴格標準的機制。表3.1總結了我們認為是健全的教育實踐，剛好相對於我們不顧知識地任意而為。顯然地，這個模式還是有例外的，但這模式還是占了主導的地位。

許多觀察者對於學校為什麼這麼抵制改變寫得很好（Duke, 2004; Fullan, 1993; Fullan & Stiegelbauer, 1991; Kennedy, 2005; Sarason, 1990, 1993）。這裡的觀點是，雖然自上個世紀以來，許多職業已經創新且接受進展，但教育的實踐仍保持不變。

為了使我們所做的與當前對教學的理解保持一致，我們需要以一些重要的假設開始我們對教學差異化的調查：

- 學生在經驗、準備度、興趣、智能、語言、文化、性別和學習模式上是不同的。一名小學老師注意到，「孩子們來到我們這裡彼此已經有差異了。用教學差異化來配合學生是很合理的。」

- 為了讓學習者可以儘量發揮潛能，老師需要用關鍵的內容來滿足所有學生的不同起始點，並確保學生在每個學期有實質的進展。

- 忽略學生差異的教室，不太可能讓學生發揮最大的潛力，因為學生與標準有極大的差異。這個問題是連在同質的教室裡，都有可能遇到的。

- 為確保學生達到最大的進步，教師需要為了學生而進行調整，而不是假設學生必須自行調適來適應課程。事實上，孩子們幾乎不知道自己如何成功地讓他們的課程達到差異化。

- 最佳的教育方式應該是差異化的起始點。然而，去修改違反最佳理解的教

表3.1
教育實踐中的理解與現實

我們所知道的	我們經常做的事
今天的學生比有史以來任何時候都更多元。	我們傾向於把學生的差異視為是有問題的。
多元是正常且有益的。	學校傾向於決定哪些學生是聰明的，以及哪些不是，只不過為了他們教學的方便而將學生劃分開來。
智能是流動的，而不是靜態的。如果所有的學生可以聰明地、勤勉地以及有強大的課堂支持來學習，他們真的都可以學習到學校成功所必備的。	老師經常覺得他們有太多的學生和太多的要求，以致於不能夠好好認識學生。教室通常是個體的集合，而不是學習者團隊的集合。
以強烈地師生關係為基礎以及建立學生學習社群的課堂環境，對學習者的學習成果有非常正面的影響。	課程通常由標準、進度指引和文本來決定。它很少與學生的生活產生連結或幫助學生理解周遭的世界。強調「正確答案」其實是無法鼓勵深度思考和意義的理解。
課程應該要能幫助學生理解如何將這些學科統整以產生意義、鼓勵投入，注重學生的理解和知識轉移並與學生的生活相關，把他們當作思想家和問題解決者。	形成性評量通常用於評分，並且很少用於調整教學指令以回應不同學習者的需求。學生不常使用形成性評量的回饋，來規劃自己的成功。
用來提供高品質的反饋，指導教學規劃，並發展學生自主權的形成性評量，對學生的學習有強大的影響力。	我們把教學看成好像所有特定年齡的所有學生，本質上都是一樣的。
學生的差異在學習中是重要的，考慮到這些差異對持續學習也是必要的。	我們傾向於堅持以不變應萬變的方法，在教學上、學習上、教材上、進度上等。
教學應該是回應學生的學習準備度、興趣和學習方法，以讓更多的學習者達到成功。課堂管理能夠最有利於學習進展的時候，是當它可以平衡可預測性和靈活性時，以促成學生自我引導，而這些都建立在師生健全的關係上。	課堂管理往往以符合規定為導向，這是堅定不移的，而且是強調「正確答案」而不是「思想凌亂」，這是建立在對學生的不信任之上。

表3.1（續）
教育實踐中的理解與現實

我們所知道的	我們經常做的事
標籤和分類學生尚未得到證實可以有效提高學生的學習成就和進步，但卻在學生對自己能力與他人能力的感覺方面付出重要的代價。	我們傾向於喜歡標籤和排序，而不是創造一個包容的教室來讓很多學生可以一起學習，並可以合作愉快。

與學並沒有任何意義。如教育家Sey-mour Sarason（1990）所提到，如果不是因為學生了解而熱切追求知識，所有課堂的努力終將注定要失敗。

- 以最佳教育為基礎的教室，並能調整以積極應對學生的差異，以使所有學生受益。差異化同時解決掙扎中的學習者與進階學習者的需求。它滿足了英語是第二語言的學生的需求，以及有強烈學習方式偏好學生的需求。它涉及性別差異和文化差異。它照料到了優勢、興趣和學習方式的差異，因為這些都無可避免地伴隨著學習者而來到學校。它尊重我們不是彼此複製品這個事實，而透過智能的支持，讓所有學生都能夠超越他們夢想而自我

實現。Howard Gardner（1997）提醒我們，即使我們知道如何使每個人都成為一位輝煌的小提琴家，一個樂團也需要高品質的音樂家，像是可以打木管樂器、黃銅、打擊樂器與其他的弦樂器。差異化是讓每一個人有高品質的表現，並給所有學生機會去發展他們自己的特長。

差異化教室支持學生能夠掌握基本的能力和成功人士的心智與工作習慣，在每個生活領域中鞏固了正向的結果。

● ● ●

其核心在於，差異化要求教師解決一些簡單的問題。首先，為什麼我們假定某個年齡的孩子的學習方式是可以互

換的？我們有什麼證據證明他們來到我
們的教室時，是具有相同技能、知識基
礎、態度、心智習慣、優勢、傾向、動
機、信心水準、支持系統與學習方法？
若沒有這個證據，爲什麼我們可以得出
結論表明所有人都以相同的速度、學習
相同的內容，這會比他們都穿同樣大小
的鞋、吃同樣分量的晚餐及獲得一樣的
睡眠而來得更有意義嗎？這些問題的答
案對於我們如何思考及規劃教與學，具
有或應該具有深遠的影響。

第4章

支持差異化教學的學習環境

一個真正的好老師是一個知道學生可以教而老師是可以學習的人，他或她可以將自己融入到學習環境中，真的可以坐在桌子旁的座位中證明他或她享受著像海綿一樣的頭腦，具有相聯繫的感受，隨時準備好要吸收，且能夠去讚賞一個人所思考和所說的比一個人可以在空格中填入什麼更重要。

——Krista，17歲在Jane Bluestein（Ed.），《導師與專家以及MacGregor：老師成就大不同的故事》（*Mentors, Masters and Mrs. MacGregor: Stories of Teachers Making a Difference*）書中。

前一段時間，一位老師來問了我一個有趣的問題。她詢問得很認真，而我也認真的回答，但我修改我的答案高達幾十次。她的問題是：「在課堂上運用差異化有可能嗎？因為在教室中所有學生一排一排坐著，他們大部分的任務是單獨的、且沉默完成的？」

當她問這個問題時，她的眉毛皺了起來，我相信我的也一樣。當我回答說：「是的，我想你可以應用許多差異化教學的原則在那樣的情境中。你仍然可以適當地提供學生具有挑戰性的學習

內容，可以提供各種活動具備為不同學生所安排的不同挑戰。你可以提供學生感興趣以及有智力表現優異的課程成果作業。」

我暫停了，然後補充說：「你們有困難應付的這些學生，他們的學習方式是需要協作的、談話和運動的。」我又暫停，然後接著說：「但是，如果要我在班級之間做出選擇，一個班級是每個人都靜靜地坐在一旁以相同的方式，在同一個時間內，做著同一件事——或者是在一個班級，他們都默默地坐著，進行適當難度的任務，而這任務是他們所感興趣的——我會毫不猶豫地選擇後者。

我繼續說，老師與學生受限於這兩個選擇。我沒有停下來而繼續說：「如果課堂環境是有缺陷的，我們在此所說的很多其實一點效果都沒有。」

問問題的老師，是問出了其中的「言外之意」。也就是說，她所說的只是她問題裡的一小部分。她其實是在說：「好的，我知道我的學生課程準備度的起始點不同。我知道我失去了很多學生，因為他們感覺困惑或無聊。我甚至可以接受挖掘學生的學習興趣與學習風格，以幫助他們更有效地學習。我可以在這些方面都認同你，但我不認為我可以放棄我根深蒂固站在教室前方嚴格教學的教師形象。你已經建議我看待課程的方式應該改變，當然你也不是要我重建自己作為老師的形象！」

我沒有改變自己對這位老師的說法，我還在想學生的任務應該集中在必要的理解和技能上。這任務應以不同的方式呈現，以致於所有學生必須遠遠跨出他們的舒適區，這種任務比標準問題的作業更受喜愛。

我也更相信教室環境的普遍重要性，更甚於當天警惕的說法。這位老師問如果病患的腿斷了，治療他的感冒還有意義嗎？是的，確實是如此。但是如果沒有先把腿治癒，病人還是會遭受痛苦、沮喪和顛簸生活之苦。

本章包含一些我可以向這位老師說的話，以及探討差異化教學的本質。孩子、老師和教室整個成為人類生存的縮影。在這不健康的縮影中，一些美好的事情仍然會發生。然而，偉大的事情一向是源自於健全與健康的地方。

教學作為學習三角

我曾經看過一位年輕、聰明、敬業的數學老師和他不合的學生冷戰，老師的幾何學知識雖博大而精深，他的課堂活動與課程有連結且很有趣，然而他的青春期學生一直分心且具有敵意。本來應該是一個典型的課堂，卻充斥著不言而喻的仇恨。我看似永恆的這種情況，如果鐘聲可以讓我們脫離苦海，我就可以如同老師與學生一樣高興。

「為什麼我辦不到？」他後來問我。「到底哪裡出了問題？」跟很多老師一樣，當我在教室裡，我從來沒有很多機會可以明確地陳述關於我創造學習環境的信念。我只是一日復一日地教書，試圖找到什麼是可行的，並移除不可行的方法。然而，我認為我對這位老師的回答是我在公立學校教書20年來，我的學生與我的同事所教給我的重要的言語表現。

「巧妙的教學就像一個學習三角形一樣。」我這樣回答。「這是一個老師與學生還有教職員，在三個角的等邊三角形。假如任何一方未被關注，而且與其他人失去平衡，這就不巧妙了。」

這位年輕的幾何老師在三角形的兩個角產生問題（見圖4.1）。他雖然澈底地了解內容，他仍有不安全感，感覺無法對他的孩子有深刻的奉獻。結果，他成為教室裡的孔雀，展現出一個說服他學生（以及他自己）他是個熱門商品

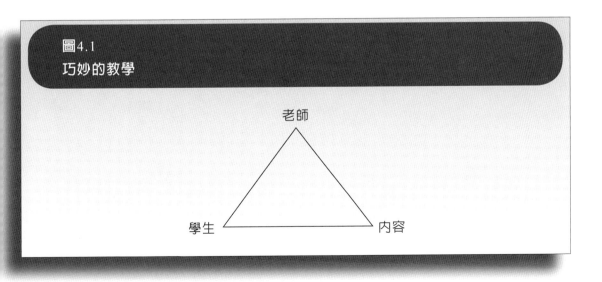

圖4.1
巧妙的教學

老師

學生　　　內容

的表演。這是只有一邊的三角形——一個只有內容的三角形——根本就不是個三角形。

所以，那位老師和學生可以共同建構一個增強學習三角形的環境，重要的是要了解在一個健全的教室內，學生、老師與學習內容三個部分要如何平衡。

教師：擁有課堂領導與責任

根據定義，等邊三角形是一個三邊等長的幾何圖形。基本上，它沒有「頂點」。但是，為了我們的目的，因為老師勢必是任何有效課堂的領導者，他必須是學習三角形的頂點。

領導能力能夠且應該要與學習者分享，但對領導能力的責任感則是有專業、傳統與法則的成人所具備的。有效扮演這個領導角色的老師，必須對自己有安全感。一個本質上沒有安全感的老師，不太可能營造一種接受和肯定學生的氛圍。

這也不代表一個具備安全感的教師，就沒有懷疑或是有堅定不移的方向。正如其反，教室裡的變數是如此之大，使得不確定性同時是不可避免也是適當的。一個有安全感的老師期盼每天

都是一個學習者，他可以接受這個角色的模稜兩可。重要的是，要開放而不是要求「正確」，而且為他們準備好答案也不是那麼重要。一個有安全感的老師每天離開學校時都帶著重要的問題，整晚沉思如何解答。每一天都抱持一個信念就是怎麼做，才能使得明天更有教學成效。一個有安全感的老師認為有這樣的洞察力，是一種專業的挑戰和個人的滿足。

此外，有安全感的教師能夠接受他們掌控教室氣氛的事實。他們對學生的教學方法決定了是否尊重、屈辱、喜悅、苦楚、可能性，或是失敗掌控了這一天。他們知道自己有時會犯錯，而且也知道他們是有能力和責任避免改天再犯同樣的錯誤。

Bob Strachota（1996）反映出了身為老師的意義，是知道他並沒有所有問題的答案——但他有找到答案的力量。

我在學校的生活和我離開學校的生活都不是特別地幸福。我的車會壞、會和朋友爭吵、會生病、我會擔心我的孩子、必須關注我的心情、需求、偏見、弱點，以及限制，以了解它們如何影響

我的工作。如果我可以監控我的情緒在教室裡的運作，我可以在它們具有毀滅性時，制止得更好，更能好好地讓我以快樂的、平穩的與滋養的情緒來掌控大局。（第75頁）

Strachota的主要目標是培養學生控制他們生活與學習的能力，他也知道他是在學習的頂點來促進達成這個目標。

專注學生的差異和機會

Mary Ann Smith是我的一個導師。因為在我得知這些事之前，她已經離開我們任教的城鎮。所以，當我教青少年時，她教的是小學生，但是她與我分享的基本智慧適用於所有學習者，不論他們是5歲還是55歲。

每年校長都給了她很多不合適的學生。我則經常在五、六年後收到這些學生。當我聽他們父母談話的時候，我意識到，這些年輕人在學校裡感到舒適的一年是跟Smith老師的這一年。四個男孩的母親，Mary Ann，她只是創造了一個教室，就像她的家一樣。她對這兩個地方的孩子有些了解：

- 每個孩子，在某種程度上，與其他人相似，也不同於其他人。
- 孩子需要無條件地被接受他們只是普通人。
- 孩子們需要相信他們可以比今天更好。
- 孩子們需要幫助才能達到自己的夢想。
- 孩子們必須要自己理解事情。
- 孩子跟大人合作時，可以經常更加有效和連貫地理解事情。
- 孩子們需要行動、快樂與和平。
- 孩子們需要掌控自己生活和學習的能力。
- 孩子們需要幫助來發展這種力量，並且明智地使用它。
- 孩子需要在更大的世界中，保持安全感。

Mary Ann與她自己的兒子的目標——每一個都完全不同於其他的——是讓他們成為整體、快樂和獨立的。她因為男孩們的差異，而喜歡這些男孩。她看重每個男孩做得最好的地方，她會花時間與每一個孩子相處，但他們並沒有一定要做同樣的事情，她會為每個

人提供機會，但它們並不總是同樣的機會。她監測他們的成長，並根據具體需要與問題提供指導和訓練，但卻不是按照普通的方法。

她把教室當作家，在這個家中，已經準備好接受每個成員的不一樣。她每天給孩子很多時間。她為每個人的成長提供了機會，並提供所需的指導。她與每個孩子所花費的時間在形式上與內容上會有所不同，機會和指導也會根據這些孩子夢想家與他們的夢想而有所不同。

在每個孩子身上，她在尋找優勢，並開始找到辦法來強化這些優勢。Charlie需要跟其他孩子有所不同的是藝術材料。Eli需要不同的閱讀書籍。Sonja需要確定老師在旁邊，來幫助她控制她的脾氣。Michelle常常需要老師適時地「放手」。

所有這些孩子都是夢想家。Mary Ann和她的學生會談論他們成長的歷程。學生們也談到了他們的老師，因為這些為了自己的夢想而不斷成長的他們而感到自豪。這其實沒什麼關係。如果Micah比別人看得更多；Philip搖搖晃晃地在教室走來走去；Chauncie常問一些不尋常的問題；Bess先做立方體的問題，然後再處理數字的問題；Jorge有時先用西班牙語問問題，然後才用英文。Mary Ann是按「成長型思維模式」學習（Dweck, 2008），她堅信每個學生有能力學習到重點，而她可以幫助他們找到並達到成功的路線。

Mary Ann的空間有大愛，提供選擇與支持。在內容目標和學習標準上也很寬廣，但缺乏標準化。而8歲的人剛好可以明白，因為他們並不是個標準化的人，他們知道在Mary Ann的教室裡，因為那些現狀，他們更喜歡自己也更喜歡彼此。

內容：引起學習者的注意

一個老師曾經告訴我，一個關於她如何知道科學課要教什麼與怎麼教學的故事。她過去一直與課程綱要搏鬥，綱要太長，而課文太密集或太簡單，實驗室的課程有時候有趣但不能啟發學生，或是實驗室既不具啟發性也沒有樂趣。她看著她的學生經常神遊，她對自己認為的這些不變的任務感到窒息。

一位同事曾經對她說，「拋開所有的書與標準一分鐘，回到以前那個讓妳

認為科學是神奇的東西，想一想過去上科學課的感覺如何，然後假設你教的孩子只有在你的課上學習科學，而且這是他們有史以來唯一的科學課。你需要教什麼，他們才會熱愛科學呢？花一分鐘思考一下，然後改變我剛剛要求你做的一個部分。假設你只要教三個孩子：你自己的三個孩子，並假設那年年底你將會離開人世，那麼在那一年你會教給他們科學的什麼？」

老師對我說：「從那天起，我已經明白自己以後要怎麼教了。我不是都能知道我該如何把自己必須要做的做好，但我知道自己要做的已經改變我對自己要教什麼的想法。」

Judy Larrick教英文給一群悶悶不樂的高中生。課程綱要要求她教「經典名著」，這剛好是學生無法理解的內容。出席率下降了，而Judy的心情也很低落。唯一上升的只有嗜睡率。Judy奮鬥了一年，鼓勵她的學生，並嘗試為處於呈現瀕死階段的班級注入能量。這一年結束了，但Judy沒有侮辱她的學生，也不哀怨還有一年的教學。她嘗試尋找解決方法。

九月分來臨時，課程綱要仍然存在。她還是得面對著一群氣餒和暴躁的青少年。但當開學時Judy開始問：「這裡有誰曾經是受害者？成為受害者是什麼意思？這是什麼感受？受害者可以控制生命中的一切嗎？控制什麼？何時要控制？」一個教室充滿著投注於興致高昂的交流的「受害者」。和他們的老師一起，他們建立了一個「受害者」概念圖。最後，Judy提出，「想讀一本關於別人是受害者的書，來看看是否事情是像你說的那樣？」學生們讀了《Antigone》，彷彿他們是最終真相的發現者一樣。班級出勤率飆升並得以維持。

七年級的老師Judy Schlimm反映了一個類似的觀點：「我作為歷史老師的目標，是幫助我的學生意識到歷史不是要研究死人。這是學生們舉起一面過去所塑造的鏡子，並看到鏡子裡面的自己」。

Rachel McAnnallen經常對她數學課的學生說：「這就是我們將要處理的問題。這裡有答案。現在，我們來談一談所有發生的事情或可能發生的事情，讓我們得到這個答案。」「威脅」經常伴隨數學離開教室，學生參與思考一個問題並深入調查。

這四位老師了解學習的基本目的。這種努力不是透過隨機數據的累積、脫離現實的演練、或把標準從表單上刪除，而獲得成績的努力，這是更強大的東西。我們生來就試圖在我們的環境中學會掌控，我們不論生死，都試圖發現自己；生命的意義為何？如何享受快樂、痛苦、勝利和死亡？我們為何有必要與他人連結？以及為什麼我們在這裡？我們學習的學科——藝術、音樂、文學、數學、歷史、科學或哲學——給這些人生終極的問題一面濾鏡。這些學科的技能——閱讀、寫作、地圖製作、計算或繪圖——給我們有意義的方式去使用知識的力量（Phenix, 1986）。對未知的思考和困惑給我們更多的力量，勝過機械式地練習單獨的名稱、日期、事實與不連貫技能的定義與實踐。

一個健全的教室的內容，深植於這些現實中。因此，在一個健全教室中，教和學是：

• 與學生有關，讓他們個人可以與他們知道的世界熟悉及連結；

• 幫助學生了解當他們長大時，能更充分地了解他們的世界；

• 這是真實的，藉由提供「真實的」歷史、數學或藝術，而不僅僅是練習這個科目；

• 可立即用於對學生而言，是重要的事情；

• 打開學生對他們的能力與潛能的想法，不但是在教室內也是在世界上。

在一個健全的教室裡，所教導內容歡迎把青少年視為人類家庭中推理的成員，而不是為進行標準化考試或瑣事而競賽。正如科學家Lewis Thomas（1983）所說的：

不是將人類知識的本體呈現為一個連貫訊息的山形結構，以用來詮釋一切的一切，而但願我們可以精通所有的細節。我們都應該承認在現實生活中，它仍然是一個非常卑微的謎團，彼此根本並不相容。（第163頁）

當事物是動態的，智力上是有趣的且針對個人的——當它賦予學習者權力時，「細節」也變得越來越重要而且難忘。建立在這個信念上的教室裡，學生們可以掌握重要事實和技能，但是是在

想法、議題、問題與困境的情境中，這樣才可以延展我們的心智。

健全教室環境的特點

讓我們假設有一個可以很稱職地擔任教室中的領導者與學習者這兩個角色的老師，她可以理解和回應學生基本的人類需求，她明白她的主題對學生到底是意味了什麼。那個老師會做什麼樣的事情，來創造一個她和她的學生可以不斷成長且互相照顧的環境？她將如何創造一個主題，是讓個人和群體成長與彼此欣賞的催化劑的環境？這個老師該做什麼來保持學習三角既是動態又是平衡的，以創造一個真正的學習社群？

教學是一種啟發的嘗試，而不是一種計算的嘗試。教學的原則指導我們，但是並沒有處方箋。以下是一些健全教學環境中的教學和學習的特點。它們是反思的起點，而非完全的指引。這張清單皆可以隨意編輯並修改，並根據你的需要增減它。

教師珍惜每個孩子為一個個體

在《小王子》（Saint-Exupéry,

1943）中，一個年輕的旅行者遇到一隻狐狸，牠要求小男孩「馴服」牠。當這孩子不確定狐狸的意思的時候，狐狸解釋說：「一個人只懂得他所馴服的東西。」（第70頁）他進一步解釋了馴服的過程需花費很長的時間：

> 你一定要很有耐心……首先，你必須坐在離我有一點距離的地方……我會用眼角看你，你不會説什麼，言語是誤解的根源，但你會每天越坐越靠近我。（第70頁）

小王子最後終於明白，透過「馴服」，我們學會去看我們要馴服的東西的獨特性。「只有用心我們才可以正確地看到，重要的事情其實是眼睛所看不到的。」（第73頁）

健全教室裡的老師，不斷地用這種方式「馴服」學生：來看看他們究竟是誰，什麼使得他們在世界上獨一無二。世上沒有孩子是完全沒有吸引力的事情。沒有教師干預，孩子也「OK」是沒有的事，老師要「馴服」所有來上課的人。在健全教室的教師也面臨著，允許他們的學生知道他們也是人的風險。

他們冒著自己被「馴服」的風險。

老師記得教導一個全人

在一個健全的教室裡，老師明白孩子們有智能、情緒、改變中的身體需求、文化、語言和家庭背景。教孩子有關寫作或數學，與把數學跟寫作教給孩子之間是有區別的。有時候上法文課前剛好有某種情緒，有時候是法文課可以治癒這情緒。一個沒有自尊心的孩子往往對學習默不關心，但真正的成就可以產生比自尊心更有效的東西，那就是自我效能。孩子從家裡帶到學校的不能被擱置在教室門外；同樣地，為了讓一門課真正的有影響力，孩子必須把他帶回家。

教師繼續發展專長

在一個學科領域的真正專業並不是掌握事實，而是要應用洞察力和技能，專業的史學家不會回答章尾的問題；他們尋求對於地方、人們與事件的一個新認識；一個作家不會把文字放在頁面上來表明對於語法規則的掌握；相反地，一個人寫作以找到一個聲音，去揭露在平凡和非凡的生活故事中的意義。

專家在高要求與高品質之下，使用他們的學科基本技能和概念。一位同事曾經對我說過教師的困境是我們被教導去教科學，而不是成為一個科學家。我們被教導去教公開演講，不是成為演說家。

老師將學生與思想連結

詩人、小說家和歷史作家Paul Fleischman描述了他希望老師會用他的書《日界線：特洛伊戰爭》（*Dateline: Troy*, 1996），用當代報紙的頭條新聞來說明伊利亞德（The Iliad）事件。他的評論應該引起所有老師深具意義的反思：

我真正的希望是，老師們將被啟發做最好的老師一直以來在做的一件事──使得一切看似遙遠的科目變得真實以及與學生相關。我認為這表明他們與他們自己的生活間具有深具意義的聯繫，這樣才會造就真正的讀者，而不只是個會考試的和記憶事實的人，這適用於課程中的每個科目。為什麼我在三角學中得到D？我不相信掌握正弦和切線本身對我來說，具有任何意義的或

實際的價值。不過，我有信心，好的老師可以說服我。（在Robb, 1997，第41頁）

老師為了快樂學習而奮鬥

「快樂學習」中的這兩個詞都很重要。在一個健全的教室裡，老師認真的學習，成為學習者是一個人的基本權利。我們做什麼都沒有比這個重要。此外，我們探索與理解的時間太少了。因此，這反而變得很重要，就是必須去找到一個主題中最重要的部分，並確保這些要素是學生經驗的核心。

另一方面，孩子們會設法去回應歡樂。他們仍然充滿了年輕人的精力和節奏。移動、觸摸東西、笑與講故事是重要的技能與理解的切入點。因此，一個健全的教室裡的老師，需要確保每一堂課中所有學習者的參與和理解。

一位上進階學習者暑期課程的老師，在她上到第四天的課時，留了一張紙條在我辦公室的門上。紙條上簡單地寫著，「我嚴格反而得到嚴格的謬誤。」即使非常進階的學習者也需要快樂和挑戰，他們對他們的老師們非常清楚地表明此點。

老師們設定很高的期待 —— 並提供了充分的鷹架

在一個健全的教室裡，老師幫助學生勇於逐夢。不是所有的夢想都一樣，但每個學生需要有很大的夢想和具體達到夢想的方式。因此，老師教出卓越，這意味著老師清楚地知道一個孩子下一個學習基準和所需的學習鷹架，這可能包括時間軸、評量指標、仔細勾勒出的成果任務、課堂中不同的工作安排、多元的資源與教學專家合作或有小組補救或延伸教學。

每個學生都值得學習最有吸引力的內容，所以一個在健全課堂的老師會在開始上課前思考，什麼會使學生有興趣並挑戰進階的學生，和運用差異化教學使得課堂上每個學生都可以習得該課程。呈現出一個大量學生支持的健全的課程是需要溝通，讓教師有信心地覺得學生有能力可以像學習者一樣大大成長的這種信念。這樣的教學不僅傳達了老師對學生的成長型思維模式，也有助於營造一個學習環境歡迎、肯定、挑戰並支持每個在其中的學習者。

大多數年輕的學習者不知道如何成長超過他們今天所在的位置，直到老師

將它顯現出來。在健全的教室裡，老師扮演一個常勝教練的角色，提供一個遊戲計畫確保每個學習者從他們每個人的起始點可以有極大的成功機會，然後這位老師在每個學生玩「這個遊戲」時，他保持在邊線，鼓勵、哄騙和提供建議。

老師幫助學生建立自己的想法

身為一個學習者，我們很少「重複」我們的理解方式。透過誦讀、學習單或考試來回覆訊息，很少能產出一個能維持並使用想法與訊息的學習。許多老師透過自己的師培教學課程看到這個強大的例證，因為他們並不知道教授在什麼情境說這些話，他們經常認為這些課是無意義的。到他們教書的時候，雖然他們知道教學情境，但是他們已經忘記了這些事。

健全的教室是以思考、想法和發現為特色，此乃根據小學教師Bob Strachota所述（1996）：

除非我們經歷過爭執和發明的複雜過程，否則我們的知識是空的。如果是這樣，我不能將我的知識和經驗傳授給我教的孩子。相反地，我必須找到方法來幫助孩子擔起責任去發現自己對世界的理解以及如何生活於其中。為了做到這一點，我必須在我的訓練和我的直覺間掙扎，雖然我的直覺強烈地指示我該如何行動：告訴孩子我所知道的，告訴他們該怎麼做。（第五頁）

教師與學生分享教學

健全教室的教師，不斷邀請學生扮演一個教與學方面的重要角色。他們用很多方式達到這個目的。首先，這些老師幫助學生了解和對教室的運作給予貢獻。他們吸引學生參與班級規則、時間表和程序的對話，並用學生流程和例行公事的有效性來作為評估、當事情進行順利的時候，他們和學生一起慶祝；當過程和例程不順暢時，老師和學生一起修改和改進。其次，這些教師確保學生知道如何教導彼此，並有效地彼此學習。第三，這些老師實施「後設認知教學」，他們向學生解釋——用對年輕學生來講有意義的方式來解釋——如同他們如何設計課程，當他們晚上在家時，思索課堂的問題是什麼，以及他們如何引導學習的進展。雖然學生接受他們的

領導，這些教室的老師都明白他們的學生有大量的隱性知識，明確地知道什麼在他們的世界才有用，以及對自己和他們的同儕可以提供寶貴見解。同時，也渴望以學習者和人類的角色達到成功，這些教師既要樹立學生的實力，又要積極地要求他們要對世界有所貢獻。

在健全的教室裡，不斷談論正在進行的事情的重要，對於所學有一致的緊迫性。這不是一種匆忙的感覺，而是意識到時間和課程主題是有價值的，而且也是這樣被處理的。這好比為了前途光明的旅程所做的規劃。當老師和學生們計畫著目的地、地圖路線並因突發事件而調整時，彼此都充滿了期待。

老師培養學生的獨立性

一個戲劇的導演有一個特殊的工作，好幾個星期都在指導來自各方人士扮演各種角色的一舉一動，從演員到臨時演員。導演的介入是一定的。然而，當戲劇開演時，導演基本上是無用的。假如，演員和劇組工作人員不能自己進行下去，導演就做失敗了。

這就是教學，或至少應該是如此。每一天，老師應該使自己在學生的

生活中變得越來越無用。不要提供解決方案，要讓學生自己弄清楚事情。提供方向和高品質的指南，但留下一些歧義、選擇和彈性，使得學生不得不跨越式地轉移和應用這些常識。仔細衡量孩子可以承擔多少責任，確保給予他們適量的責任，也同時多訓練他們。

因為在大多數教室裡，孩子太多了，老師經常覺得為學生做事情比較簡單，而不去應對當學生獨立做判斷的複雜性。老師經常告訴我，他們的二、五年級或十年級學生「太不成熟而無法獨立工作」。這讓我想知道，你能讓這個教室裡的學生們，幾乎都是以高度獨立的方式來做每一天的工作？這是5歲孩童就讀的幼兒園。

老師練習積極的課堂管理

在健全的教室裡有個明確的期望，就是每一個人要對其他人畢恭畢敬。在這些地方，你會聽到（笑聲）幽默感和創造力是相輔相成的。幽默源於製造意想不到的和愉快的關聯性，從自由到自發、從理解到錯誤，可以產生令人驚訝的教導意義。這從不諷刺也不是切割開的，它所產生的歡笑是源於跟別

人一起歡笑的能力。

即使在積極而充滿活力的健全的教室裡，孩子也需要提醒怎麼做和行為表現應該如何；這是幫助他們成長為情意與社交技巧健全的必要條件。然而，在健全的教室裡，紀律問題很少是個災難，因為學生可以得到正面的關注，同時也獲得能力。在這種情況下，學習者可以被接納以及受到重視，而且他們是知道的。他們知道，老師不僅對他們有偉大的期待，而且也是為實現這些目標而合作的伙伴。

在健全的教室裡，學生可以在個人感到舒適的情況下有機會參與並學習，老師提供明確的指導方針來幫助學生知道如何做適當的決定，老師能夠確保學生真正的努力可以讓學生更顯著地成功。這樣一來，老師有系統地引導學習者成為自己學習的隊長了解為他們所建立的學習目標，並且他們也自己設定自己的學習目標、制定計畫且超越這些目標、適時調整計畫，省視自我的增長和從追求高品質工作中獲得能量。

這樣的環境消弭（或至少最小化）許多可能會導致不當行為的緊張局勢。當有需要處理一個嚴重的或反覆出現的問題時，尊重學生並期待學生正面的成長，以及共同做出有助於理解和學習的決策，而不是像對手間地彼此衝突。

小時候的一個夏天，我發現一窩小貓咪被藏在一個舊車庫後面的小空間裡面。我迫不及待地等我最好的朋友回家，我可以帶她去看我所發現的這件美好的事。沿途，我告訴她，我的驚喜將是多麼驚人。在我的幸福和她的期待之間，我們走的路是個在腳尖起舞與飛行間的十字路口。當我們到車庫時，我退後了，指向微小的空間，並說：「輪到你了！你上去看看。」

健全的教室環境感覺很像這樣的經歷，老師繼續探索精彩的發現來分享給學生。有時我們邀請個人與我們分享他們的歷程，有時是一個小團體、有時是一整個班。不論我們選誰，他們都會認為很幸運，因為這個邀請代表著：「你是如此重要，我必須要把你這個寶藏分享給全班！」

這個歷程的期待是很大的。而速度是快的。接著有一點我們可以退一步說：「我曾經如此，輪到你了。你會用你的方式思考，用你的眼睛看，你就會

知道該怎麼做。」然後我們看著我們的學生學習，並在過程中，我們也成為學習者，一而再、再而三重複這個步驟。

• • •

　　很難設計一個吸引年輕學生注意力的課程，這也很具有挑戰性要能將評量視為學習的「導師」，而不是學習的「法官」，這是嚴格的，因為要根據學習者需求設計教學，以及這是艱鉅的，要能領導以靈活性需求為前提的教室。然而，所有老師的工作裡面最困難的部分，以及學生要能成功當中最重要的，是要能創造一個課堂環境，每天邀請裡面的每一個學習者，接納他、肯定他、挑戰他和支持他。

第 5 章

良好的課程作為差異化教學的基礎

記憶傳授人輕輕地揮舞著手，彷彿把東西放在一邊一樣。

「哦，你的老師是訓練有素的，他們知道他們的科學知識，每個人對於工作都是訓練有素的，就這樣。如果沒有了記憶，這一切都失去了意義。」、「你為什麼要維持這些回憶呢？」（這個男孩如是問。）「這給了我們智慧」，記憶傳授者回答。

—— Lois Lowry《記憶傳授者》
（*The Giver*）

一位年輕的老師在開發她的第一個差異化課程時，「你能看看我這麼做對嗎？」她這麼問我。她的四年級學生都在讀同一本小說。她已經設計了五個學習任務，她的計畫是根據她所觀察到的學生學習準備度，來分配每個學生一個任務。她給我看她的任務選擇有：

1. 為這本書創造一個新的封面。
2. 建立一個書中的場景。
3. 繪出書中的一個角色。
4. 為這小說改寫結局。
5. 創作這本小說中的人物之間的一段對話，而另一段對話要依據今年上課所閱讀的另一本小說而寫。

看完這些任務後，我問了一個我希望有人在我第一個10年的教學生涯中每天都要我回答的問題：「你想要學生從這個活動中帶走什麼能力？」

她眼一瞇，停了下來。「我不明白」，她回答。

我再次嘗試：「所有孩子如果成功地完成指派的任務，他們應該獲得什麼常見的見解或理解呢？」

她搖搖頭說：「我還是不明白。」

「好的，讓我換個方式問。」我停下來。「你想要每個孩子知道實際上，作者是建立一個人物嗎？你想要他們全部都了解作者為什麼花時間寫這本書？你要他們想想主角的生活和他們自己的有何相似之處？那麼學習活動應該可以幫助學生理解什麼呢？」

她的臉紅了。「天啊！」她喊道。「我真的不知道。我以為他們所應該做的就是閱讀故事，並用這故事來做一些事！」

「朦朧」課程

我們許多人都可能曾經是這個新手。我們進入了這個行業，以為學生本來就應該閱讀、聽講，或看一些東西。那麼他們就應該根據這些進行「某種活動」。請考慮以下幾個範例：

- 一年級的老師唸給她的學生聽一個故事。然後她問他們，請畫出你們聽到的內容。但是圖片應該怎麼畫呢？故事的開始和結束是什麼呢？女主角被陌生人嚇壞時看起來如何？院子裡的大樹看起來如何？

- 五年級老師與學生談論黑洞。那麼他給他們看有關該主題的影片。他要他們寫有關黑洞的文章。我們要學什麼？為什麼重力在黑洞發揮作用？如何處理時間的問題？呈現出他們對黑洞演進的理解？

- 這是三年級學生的課程單元的一部分：西部擴張，學生建造被覆蓋的貨車。這有助於他們了解勘探、風險、資源稀缺或適應的問題？這是關於推進邊疆的活動，還是關於操縱膠水和剪刀的活動呢？

- 一名中學老師要求學生將分數轉換成小數點。這個目的是趕緊讓答案正確，以順利繼續進行下去嗎？還是老師有一個更大的目標：了解如何換算

以及為何要換算？

在每個例子中，老師對孩子都有一個朦朧的概念，就是他們應從內容的經驗中獲得什麼。學生做了一件「跟故事相關的事」、「跟黑洞相關的事」、「關於西部擴張的事」，以及一個將分數轉換為小數的事。雖然這些活動並不是致命的沉悶或毫無用處，它們至少呈現出兩個問題：一個是高品質教與學的障礙、另一個是強大的差異化教學的障礙。

當老師沒有對學生澄清這堂課後，學生應該知道什麼、了解什麼，並且能夠做什麼，她所設計的學習任務到底有沒有讓學生參與，還是幾乎無法幫助學生了解他們正在嘗試學習的內容中的基本想法或原則。模糊的理解教學的精髓就會導致模糊的課堂活動，這反過來也導致學生模糊的理解。這是高品質教與學的障礙。

這種歧義也適用於差異化教學。在大多數差異化的課程中，所有學生都需要獲得相同的基本知識，使用相同的基本技能，並探索相同的基本理解。然而，由於學生們準備度、興趣或學習方式的差異，學生需要掌握知識，獲得理

解，並用不同的方式運用技能。不清楚所有學生在學習結束時，應該知道、理解與使用什麼的老師已經忽視一個重要的組織者，而藉著他可以發展出強大的單元課程。那是新手四年級老師和她五個「差異化」課堂活動的問題。她剛剛才設計了五個關於小說的「活動」。這些活動可能會導致五個對於這本書的模糊理解，或者更有可能的是根本沒有任何理解。

本章將有助於減少滲透很多課程與教學的模糊性。在這本書後面的章節，它也給許多差異化教學的樣品一個表現的舞臺。目標是要幫助你奠定差異化教學的堅實基礎。畢竟，設計一個版本的活動或學習成果是需要時間的。設計兩個或三——特別是五——又是更加燒腦。這其實是有道理的，為確保你在設計出多種版本前，可以牢牢掌握一個實在又有力的教訓。

持久學習的兩個要素

多年以來，我一直很想知道聰明的學生對於教室內所進行的單元感覺如何。我讓這些年輕的青少年用具有診斷

般的精準度的口吻對我說：「她的課堂很有趣。我們不會學到很多東西，但這是很有趣的一堂課。」他們也明白相反的情況：「我以為我們正在學習數學，但這總是覺得時間很漫長。」

這些學生一語道出隱含的意義，也就是好的課程需要兩個要素：參與和理解。當一堂課可以吸引了學生的想像力、誘發他們的好奇心、點燃他們的想法意見，或碰觸到他們的靈魂時，學生的參與就在其中。參與是一個吸引學習者的迂迴注意力的磁鐵，並讓學習可以持久。理解不僅僅是簡單地回憶事實或訊息。當學習者明白，他們已經「圍繞」著一個重要的想法，並準確地把它納入到可行的方法寶庫裡，他們就擁有那個想法。

大腦科學家通常對持久理解需要的兩個元素，使用兩個略為不同的術語——意義和意思。意義是指將內容與學習者自己的經驗做連結。意思是指讓學習者理解事情如何發生，以及為什麼發生。意義和參與很類似，而意思則和理解相似（Sousa & Tomlinson, 2011）。不管上述哪一個情況，訊息是相同的。學生無法真的學習，如果他們不能與他們所學習的內容有連結。

了解某事的學生可以做到以下的事情：

- 使用它。
- 清楚地說明它並舉例。
- 與其他概念進行比較和對比。
- 將所學習的科目，與其他科目或其他個人生活經驗連結。
- 將它轉移到一個不熟悉的領域。
- 在一個新的問題中發現有個概念隱含其中。
- 適當地與其他理解的概念結合。
- 提出體現概念的新問題。
- 建立概念的類比、模型、隱喻或圖片。
- 在有問題的情況下改變其變項，並提出且回答「要是……會……」的問題。
- 提出問題或假設以形成新知識，或進一步探究。
- 從具體細節概括而形成概念。
- 利用知識以恰當地評估自己或別人的表現（Barell, 1995）。

不具吸引力的課程，讓學生思緒

不定。這些課程對於所學的內容沒能提供關聯性，學生無法將要學習的內容與他們生活中至關重要的東西相連結；學生幾乎沒有長期使用他們從這些課程所「學習」到的內容。課程若少了培養學生理解主導某項學科的重要概念或原則，會讓學生沒有能力在有意義的情境下使用他們學到的東西。因此，缺乏讓學生參與、理解的課程就沒有持久效果，並且會減弱學生的學習熱忱，以及減弱他們成為學習者的力量。

學習面向

在許多其他學者提出之前，Hilda Taba（在Schiever所撰之專書，1991）便已了解到學習有幾個面向。我們可以學習事實，或分解我們以為是真實的訊息。我們可以形成概念，或是透過可以讓我們組織、保留和使用訊息的共同要素來發展各類事物。我們可以理解原則，而這些原則正是主導概念的規準。關於**概念**或**原則**這些在教育領域中極為專業的術語，我們經常稱之為「理解」或「重要概念」。身為學習者，我們培養對學習觀念和領域之態度，或不

同程度的承諾。而且，若我們夠幸運，就可以發展技能，使我們有能力投入、努力實現我們所得到的理解。

全面的、整體的、豐富的學習它，涉及以下這些面向。事實上，它若不具有能夠衍生出意義的概念和原則，是不會長久的。意義它若缺少能將之轉換為行動的技能，是不具備效力的。直到我們知道、理解並能夠在我們所處的世界採取行動時，才會產生對於學習的魔法的積極態度。

撰寫《撞球》（*Sticks*）的青少年小說作家Joan Bauer提到了，讓兒童和青少年看到學習的連貫性之需求。他們需要了解科學、數學、歷史和藝術的原則和我們在撞球場、在恐懼中，以及使我們能戰勝惡夢的勇氣深泉裡所找到的東西是一樣的（個人通信，1997）。

Bauer在小說《撞球》（*Sticks*）裡，提到一位教學經驗豐富的老師如何譜成學習的不同面向。作者描述10歲的主人翁Mickey，急切地想在祖母的撞球場，贏得10至13歲組的撞球九號球錦標賽冠軍。Mickey的父親曾是撞球冠軍，他在Mickey還是嬰孩時就已經過世了。

Mickey的朋友Arlen對於數學的熱情，就跟Mickey熱衷九號球一樣。Arlen並沒有強記數學，他用數學方式來思考，那是他生活的方式。他說在這世上數學絕不會讓你失望。Arlen知道角度是什麼。他知道向量是「一條線把你從一個地方帶到另一個地方」（Bauer, 1996，頁37）。這些都是Arlen已經學會的事實。可是他了解能量和運動的概念以及這些概念背後的原則，這裡他說到：

「除非有任何外力施加，否則物體它會沿一直線保持靜止或等速度運動。以花式撞球來說，除非撞球受到某種撞擊，否則它不會去到任何地方；一旦它開始移動，就需要某種東西像護欄、另一顆球，或一塊布的摩擦力擺在桌上才能讓它停止。」（Bauer，1996，頁177）

Arlen看到數學的效用，因此他對於數學的態度就是把數學當成一種語言，若沒有它，許多事就無法妥善說明。在Arlen看來，整個宇宙都是用數學語言寫成的。對Arlen最為重要的並不是他所學到的，甚至也不是他明白了什麼，真正的重點在於他的技能。他用粉紅色紗線教導Mickey如何把球灌袋、幾何角度、入射角和反射角。「當你以一定角度把八號球擊到旁邊的護欄，它將以同樣的角度從護欄那兒彈回來」（Bauer, 1996，頁179）。Arlen繪製撞球路徑圖讓Mickey看清楚撞球在撞球檯上行進的路線，但是Mickey看到得更多。他說：

「我在學校時一直盯著撞球檯瞧。長射、短射、灌球落袋、向量。我看到幾何它無所不在——鑽石形球場，鳥兒成V字形狀飛行。中午吃葡萄時，腦袋想著撞球；然後我用吸管瞄準托盤上的葡萄朝它們打過去。砰！兩顆葡萄被打入角落，一氣呵成。」（Bauer, 1996，頁141）

Arlen知道一些數據。然而，賦予他能力的與其說是來自於他所知道的（事實），不如說是來自於他所理解的事物（概念和原則），還有讓他遠遠跳脫了學校學習單的情境，而充分地把自己理解的東西所化為的行動（技能）。

所有學科都建立在基本概念和原則之上。所有學科的本質，皆需要該領域專業人員使用這些關鍵技能。某些概念——如形式、變化、相互依存關係、看法、部分或整體，以及系統性結構——都是通用的，而這些概念自然會涉及不同學科也需要相互連結。這些概念是體育、文學、科學與計算機科學的一部分——事實上，幾乎所有的學習領域都含括這些概念。比較學科導向的其他概念，對某一學科或多個學科至關重要，但對於其他學科卻變得不那麼要緊。學科導向概念較為明顯的例子，包括了數學的概率、藝術的構成要素、文學裡的聲音、科學的結構與功能，以及歷史的第一手資料。

同樣地，技能也可能是通用的或學科導向的。一般性的技能包括撰寫具有連貫性的段落、按序置妥概念、提出有效問題。學科導向的技能則包括數學的平衡方程式、音樂的移調、文學與寫作所使用的暗喻性語言以及歷史的綜合資料。表5.1說明了幾個學科領域關於學習的關鍵面向。

在規劃課程時，老師應列出學生該單元學習結束時應具備的能力清單，包括他們應該知道（事實）、了解到（概念與原則），並能做到（技能）的有哪些。接著老師應找出核心，設計出具吸引力的活動，提供不同機會讓處在這世界的學習者透過不同情境學習這些基本要素。學習活動應引導學生使用關鍵技能來明白或理解關鍵概念和原則。本書後續章節所列舉的差異化教學課程示例，將根據具體概念、原則、事實與技能來闡明此論點。

用更有意義的方式來處理學習標準

許多地區的教師，對於自己得確保學生能達到由各區、各州、特定方案或是專業團體所劃定的學習標準而感受到極大壓力。學習標準應確保學生學習，使其更為連貫、深入、廣泛以及持久。然而可悲的是，當教師們感受到他們得獨自「顧全」學習標準的壓力時，或是當學習標準以零碎、無意義的表單呈現時，真正的學習其實是顛顛簸簸、毫不豐富的。

每一項學習標準（如州政府的學習標準），它都含括事實、概念、原則

表5.1
不同內容領域學習面向示例

學習面向	科學	文學	歷史
事實	· 水沸騰的溫度為華氏212度。 · 人類是哺乳類動物。	· Katherine Paterson寫了小說《通往泰瑞比西亞的橋》（*Bridge to Terabithia*）。 · 情節的定義與人物角色的定義。	· 波士頓茶黨事件促成美國革命。 · 美國憲法前十項修正案為「權利法案」。
概念	· 相互依存 · 分類	· 聲音 · 英雄與反英雄	· 革命 · 權力、權威和治理
原則	· 所有生物都是食物鏈的一環。 · 科學家依據類型來分類生物。	· 作者藉由人物角色的聲音，來傳達自己的聲音。 · 英雄誕生在危險或不確定的時代。	· 革命是第一波的進化。 · 自由受限於每一社會。
態度	· 保護自然有益於我們的生態系統。 · 我是重要的自然網絡裡其中一員。	· 閱讀詩歌很無聊。 · 故事幫助我了解自己。	· 學習歷史很重要，好讓我們更有智慧書寫下一章節。 · 有時我願意放棄部分自由，以保護其他人的福利。
技能	· 規劃建立節能學校。 · 解釋關於成本和回收利益的數據。	· 使用隱喻性語言建構個人聲音。 · 連結文學和歷史或現實生活中的英雄與反英雄。	· 針對議題建構並證明其中一項立場。 · 根據完整資料以得出結論。

表5.1（續）
不同內容領域學習面向示例

學習面向	音樂	數學	藝術	閱讀
事實	· 史特勞斯(Strauss)以「圓舞曲之王」一曲聞名。 · 譜號的定義。	· 分子和分母的定義。 · 質數的定義。	· 莫內是印象派畫家。 · 原色的定義。	· 母音和子音的定義。
概念	· 節拍 · 爵士樂	· 部分和全部 · 數字系統	· 透視 · 負空間	· 大意 · 脈絡
原則	· 音樂的節拍有助於安定心情。 · 爵士樂是一個結構化且即興的音樂。	· 整體是由部分所組成的。 · 部分的數字系統是相互依存的。	· 可從不同視角來觀看與再現物體。 · 負空間在構圖時，它有助於聚焦基本要素。	· 有效的短文通常會呈現出一個主要概念，並支持著該主要概念。 · 圖片和句子經常幫助我們理出，我們不知道的字眼。
態度	· 音樂幫助我表達情感。 · 我不在乎爵士樂。	· 數學太難了。 · 數學是探討存在這世上許多東西的一種方法。	· 比起印象派，我更喜歡現實主義。 · 藝術幫助我更加認識這世界。	· 我是一個很好的讀者。 · 「讀懂字裡行間的意思」很困難。
技能	· 選擇一段傳達特殊情感的音樂。 · 編首爵士樂組曲。	· 使用分數和小數來表達音樂或股票市場裡部分與整體的概念。 · 顯示元素之間的關係。	· 回應畫作裡情感與認知兩層面。 · 呈現現實主義和印象派對物體的看法。	· 找出新聞報導的主旨與支持性的細節。 · 詮釋故事主題。

（理解）、態度與技能。有些學習標準，**意味著**至少一個面向的學習。對於教師、行政人員、課程專家而言，這是很難能可貴的訓練，他們需要審視學習標準，標注學習面向的每一元素——然後「拆解」學習標準，讓多重隱含的學習面向嵌入其中。

有些學習標準的建構是基於概念和原則，將特定學科的技能融入理解脈絡之中，這就跟許多由高級專業團體所開發出來的標準一樣。然而，在某些情況下，學習標準主要反映的是技能面向的學習，偶爾會出現知識面向的學習，但卻比較不包括原則面向的學習。在這樣的情況下，教育工作者需要填補這些空缺，確認學習經驗牢牢地與概念和原則相互結合，並確保學生能有意義地使用技能來實踐或落實有意義的概念。

我之所以能大大了悟此觀念，是來自於某回自己曾聽到一位教育工作者與她另一位夥伴談及她曾訪視某間教室的學習狀況。「我問一個孩子，她在上什麼課？」那位教育工作者說。「她告訴我，他們正在寫短文；我接著問她，他們在寫些什麼？她再次跟我說，他們正在寫短文。我皺著眉頭繼續問：『那，為什麼你們要寫短文？你們想傳達什麼訊息？』她不耐煩地回我：『哦！這不重要啦！我們只是在寫短文而已！』」

相較於該堂任課老師用機械性方式，「教導」學生有關寫作的學習標準。另一位老師則用更有意義的方式，以確保學生熟練與掌握這些學習標準——以寫作為例，讓學生明白小說中的特定元素如何相互作用（比如說，小說的場景如何形塑故事情節和人物角色）。

這位老師意識到那些寫作的學習標準與她中學學生的生活經驗彼此毫無連結性時，她即刻調整教學內容：先讓學生談論他們生活中有哪些元素，而這些元素又如何彼此互相影響著。學生討論音樂如何影響他們的心情、朋友如何左右了他們、一天之中的不同時間又如何影響著他們的活力表現等。老師接著從這話題轉到幫助學生發現他們所喜歡閱讀的故事本身，其實也是以一樣的方式在進行著：作者藉由一些元素，如人物角色的動機（於故事裡驅使行動）或是天氣（以協助讀者理解人物角色的心情）。對於現實生活或是小說裡頭那些元素如何系統性地相互作用，學生會提

出一些原則。他們試驗這些概念，從他們關心的歌曲、所關心的電影以及在藝術和攝影中，找出這些元素所造成的相互作用——然後透過討論以精練這些原則，因時間推移而發展成為寫作的素材。這位老師的學生會發現，這番探索不僅值得他們投入時間和精力，且對他們自己的寫作也很有幫助。當中，許多同學甚至還會評論小說裡頭那些元素之間的相互作用，也會討論社會課裡面那些存在於科學與政治系統裡的元素之間的交互作用。

換句話說，教給學生缺乏連結性、無法用來處理連貫且深具意含觀念的教學資訊與技能，這是空無的。此外，正如第三章提過，沒有意義的教學機制有違人類學習方式。

學習標準是課程中重要的一部分，但不該被視為「就是」課程本身。它們在課程裡的地位就像是披薩的成分，如麵粉、酵母、水、番茄醬和奶酪一樣。愚蠢的廚師才會以為那些吃了兩杯麵粉、一杯水、一湯匙酵母、八盎司番茄醬和一塊起司的人，就代表享用了美味的披薩。同樣地，愚蠢的老師才會混淆這些學習標準，將它們看成吸引人

的、有益身心的學習經驗。

學習面向實例討論

我記得我曾看過兩位三年級的老師爭相弄清楚如何在年底之前，去「顧全」科學一科的某一學習單元。他們跟我說「他們上得太慢了」，而且他們還得在剩下幾天的課堂裡跟學生一塊「處理」雲這一單元。

兩位老師努力從科普書中，找到能給學生閱讀的相關教材。他們找到一些跟雲有關且學生通常會喜歡的故事，希望他們的學生有時間讀完這些故事。兩位老師說好要讓學生完成以雲為主的學習單，他們還選好了一樣學生會喜歡的藝術活動來學習。這些工作看起來似乎非常緊湊，並具有目的性。然而，當這兩位老師要決定教材的使用順序時，一位老師先是發現她早忘了某一類雲的名字，而第二位老師她自己知道這些雲的名字，卻無法將名字和圖片兜在一起。重點是，這兩位教師已經「教了雲這一單元」很多次了。

像這樣子「規劃學習單元」的例子很常見。老師的立意很好，她們想試

著做出教學大綱。以這例子來說，教學大綱列出了學生應該認識與辨認不同種類的雲。縱使課程手冊揭櫫了學習目標（理解與技能）的大框架，也指出學習單元須對應這些學習目標，但它卻無法明確告訴老師要如何對應，因此老師自然無法確實地將這些目標轉化成學習內容教給學生。兩位老師針對此學習單元所準備的內容，大部分以事實為依據，卻缺乏了理解（概念和原則）和技能，因此到頭來老師難以聯想到相關的事實，會有這樣的結果並不奇怪。這樣的教學並不會為學生創造出豐富的、長久的學習成果。

相較之下，另一位老師規劃完整一年時間教授科學，課程圍繞著四個主要概念：變革、模式、系統性和相關性。學生要花一整年考察一系列科學現象，學習如何說明這四個概念。在每回探究開始之前，老師先確認要全體學生透過該次學習掌握哪些基本原則。有些原則會在幾個學習單元裡重複著，比如時間會改變自然的和人為的東西。系統某部分的更迭會影響著其他部分，我們可以利用模組進行合理的預測。另一方面，有的理解屬於較特定的研究（例如：水

會持續地改變自己的形式，但其數量卻不變）。老師也建立了在這一年課程裡學生須熟練的技能細目表：學生需要學會使用特定的天氣測量工具，藉由觀察而不是臆測來預測天氣，並透過圖片和書面資料以準確傳遞訊息。學生透過不同的探究學習，而能在適當的場合使用技能去了解關鍵的原則。當學生能夠像科學家一樣地討論具體事件時，事實便無處不在。

在一年的某個時刻，學生使用天氣儀器（技能）討論天氣系統（概念）的模式與相關性。他們探討了兩項原則：(1)系統的某部分的變化會影響系統其他部分，(2)人們可使用模式做出合理的預測。接著預測（技能）所看到的模式和相關性，會形成何種雲層（事實）。學生選用與雲有關的適當術語來說明，並且寫下他們的預測。然後他們要觀察實際發生的狀況，評估他們預測的準確度，並用修訂過後的繪圖與說明，傳達所觀察到的內容。

這樣規劃學生學習的方式，造就出為時一年具有連貫性理解的架構。事實會說明、鞏固那些不斷被重新發現的重要概念。技能有其目的性，該目的性則

根植於意義和效用，而學習本身促使學生參與和理解。學生可以更了解這世界如何運作，並且更有能力成為學習者與年輕的科學家。他們也很有可能在未來的歲月裡，仍記得不同雲種的名稱和性質——他們的老師亦是如此。

課程要素

為確保有效的教學與學習，教師需要緊緊聯繫三項涉及學習的關鍵課堂元素：學習內容、學習路徑和學習成果。（另外兩個要素則是學習環境和學習氛圍。這些要素已在第三章介紹過，它們必須一直被拿來思考、規劃、觀察和評估教學。）

學習內容指的是學生透過單元學習（如一門課、學習經歷、學習單元）他們應該要知道的（事實）、理解到的（概念和原則），並且能夠做到的（技能）。內容算是一種輸入，包括了學生熟悉訊息的方式（透過教科書、補充閱讀教材、網絡文件、影片、實地考察、演講者、演示、講座、電腦程式以及其他來源）。

學習路徑則是指能夠讓學生理解內容的機會。若我們只告訴學生一點點東西，然後馬上就要輪他們講給我們聽，他們絕不可能將所學的融入自己的理解框架裡。這些訊息和想法都還屬於別人（包括老師、教科書、作家、演講者），學生必須處理過這些想法才能夠擁有它們。課室裡，過程通常以活動形式進行。學習活動有可能具備有效性，如果它：

- 具有明確的教學目標；
- 十分重視學生的關鍵理解；
- 讓學生運用關鍵技巧來處理關鍵觀念；
- 確保學生必須理解（而不是只重複著）這想法；
- 符合學生的準備度；以及
- 協助學生將新的理解和技巧與他們之前的學習互相結合。

學習成果是一種方式讓學生經歷相當可觀學習之後（例如：為期一個月的神話研究、天氣系統單元學習、利用兩次段考中間的時間來研究各種政府、花一學期的時間學說西班牙語、花一年時間來調查生態系統、或在一週內學習

角度的幾何學）而來展示（並延伸）他們已經明白了哪些，或展示他們可以做到的事。本書出現的示例用「學習成果」這個字眼代表最終產品，或用來表示學生製作出來用以展示自己學習內容的主要部分的東西；「學習成果」這個字眼不是指學生用一天內例行性產出、好讓他們拿來彰顯所學的那些作品。就本書的目的而言，那些短期的創作品僅只是學習活動裡較為具體、可見的元素而已。

最終的、總結性的成果，可能以展示的形式或是展覽來進行。學生可以設計出一個複雜問題的解決方案，或進行重大研究和書面調查報告。最終的成果可以是一項測驗，也可以簡單地是一個顯示裝置，如一篇附有照片敘述的文章。換句話說，成果可以是紙筆評量、實作評量或是一項專案。無論它是什麼類型，最終的成果必須：

• 緊密結合知識、理解和技能，讓老師和學生清楚明白整個期間要如何進行評估；
• 強調學生的理解，而不是重複知識或算法使用技能；以及

• 讓不同學習需求的學生得以練習（如視力、閱讀、寫作、專注力、語言問題）。

以實作評量或是專案呈現的最終成果，也應該是：

• 明確界定哪些是學生應該展示的、轉移的、或應用的，藉以顯示他們因為研究而學到的知識、理解和可以做到的事情；
• 為學生提供一種或多種表達方式，其中可以包括讓學生有提出格式的機會，只要他們所展示的學習成果保持不變；
• 傳達出對高品質內容的明確期待（訊息蒐集、想法、概念、研究來源），傳遞出能發展成為成果的步驟和行為（規劃、時間有效運用、目標設定、原創性、洞察力、編輯），以及說明成果本身的性質（尺寸、觀眾、施工、耐久性、格式、交貨、機械精準度）；
• 提供支持和鷹架（如集思廣益的機會、評量表、時間表、關於使用研究素材的課室工作坊，同儕互評或同儕

編輯的機會），讓學生有高品質的成功機會；還有

- 讓學生在準備度、興趣和學習風格的學習差異上，擁有富有意義的變化。

結合學習面向和課程

　　教學有效能的教師，會確保師生一起探索的學習單元，顧及所有學習面向。他們會設計學習活動，將學習內容、學習路徑和學習成果結合教材和經驗，引導學生參與學習並真正理解該學科。也就是說，透過學習內容、學習路徑、學習成果，才能真正聚焦在探索並精熟關鍵概念、基本原理、相關技能與所需的事實（見表5.2）。

　　舉例來說，Johnson老師和學生即將開始著手神話研究。她和學生在這（一整年的）研究中得探索的概念，包括了英雄、聲音、文化、身分。他們要調查的原則包括了：

- 人類用故事來澄清自己和他人的信念。
- 故事反映了文化層面。
- 了解他人的世界觀有助於我們澄清自

己的世界觀。

- 當我們把熟悉與不熟悉的事物兩者相互比較時，我們將會更明白這兩者。
- 當某個人或某一文化被指定為英雄的同時，其實也透露了很多有關這個人或文化的資訊。
- 神話就像是鏡子，反映價值觀、宗教、家庭、社區、科學和思想。

　　至於會花上一個月的時間學習的技能，則包括了綜合文本、比較與對比、詮釋和使用明喻及暗喻、找出小說主題，並且用小說的線索找出支持性論點。正如一整年的神話研究一樣，Johnson老師會讓學生利用小說裡的詞彙（*情節、背景、主角、反派角色、語氣*）討論與研究神話。Johnson老師會確認學生可以常常在重要的神話故事或不同的情境裡，接觸到人物角色與事件（事實），讓學生熟悉這些重要的名字和事件，這樣有助於他們了解自己文化和其他文化的詞彙、符號與典故。

　　因為知道這些關鍵的事實、概念和原則，Johnson老師打算讓學生直接從她選定的幾則神話（學習內容）來學習。比如，她知道自己必須從幾種不同

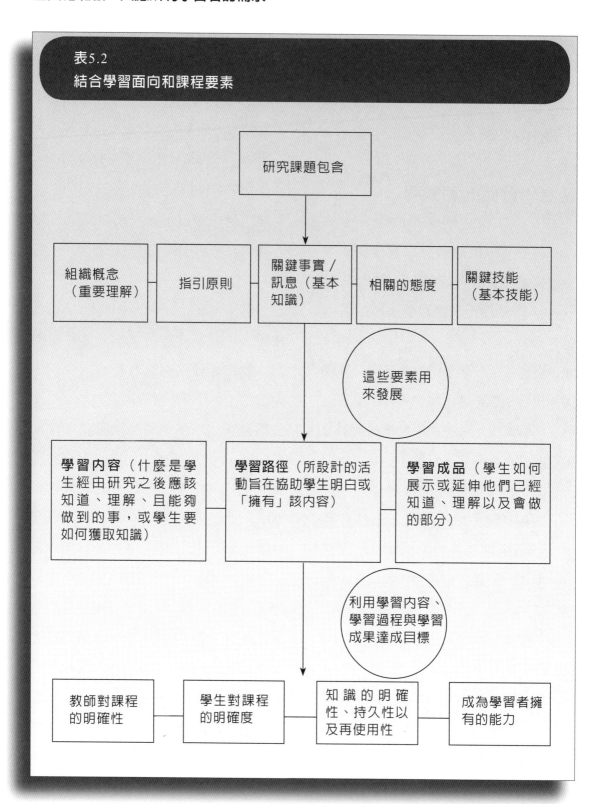

表5.2
結合學習面向和課程要素

研究課題包含

組織概念（重要理解）　指引原則　關鍵事實／訊息（基本知識）　相關的態度　關鍵技能（基本技能）

這些要素用來發展

學習內容（什麼是學生經由研究之後應該知道、理解、且能夠做到的事，或學生要如何獲取知識）　**學習路徑**（所設計的活動旨在協助學生明白或「擁有」該內容）　**學習成品**（學生如何展示或延伸他們已經知道、理解以及會做的部分）

利用學習內容、學習過程與學習成果達成目標

教師對課程的明確性　學生對課程的明確度　知識的明確性、持久性以及再使用性　成為學習者擁有的能力

的文化裡選出幾則神話；提供明確的英雄人物例子；挑出與宗教、社區、科學有關的論點，並且介紹那些經常被拿來作為文化象徵或典故的事件以及人物角色。

Johnson老師開發出核心活動（學習路徑），幫助學生將他們從神話故事中讀到或談到的，連結到學生自己的文化、信仰和思維方式上面。這些活動將要求學生使用他們預計要學習的技能，Johnson老師也打算在必要時直接教導學生這些技能。例如：她將和學生一起探索希臘、挪威、非洲以及伊努伊特等各地神話中，有關「英雄」的概念。她設計了其中一項讓學習變得有意義的活動，並打算讓學生依據某一項主題而撰寫出（或是呈現）一段由神話英雄與當代英雄兩人之間的對話，該主題須與這兩位英雄的時空與文化背景有關。這項活動將要求學生比較、對比英雄之間的文化與信仰。為了完成這項活動，學生必須要知道重要的人物角色和事件，了解英雄這個概念，應用他們一直在學習的原理，並使用綜合分析文本的技巧。同時，他們將摘錄神話內容來引導、發展他們的對話。

針對最後的學習成果，Johnson老師打算提供幾項選擇給學生，而這些選擇都需要學生：

• 展示出他們對神話故事的理解，反映其對英雄和文化這二個詞彙之理解；
• 使用到重要的神話故事裡的人物角色與事件之類的核心知識；以及
• 使用學生預計要學習的技能，像是理解主題、隱喻性的思想或語言、綜合文本分析、比較和對比，並利用文本找出支持的論點。

Johnson老師必須非常清楚在學完一個單元之後，學生必須知道、理解與能夠做到的有哪些，她才有辦法讓學生投入學習，引導他們邁向成功。學生讀到古代神話時，會發現它們跟自己的生活非常像。如此一來，神話變得有意義，彷彿是真實的，並且連結到學生認為是重要的事物上面。神話這單元利用熟悉的元素連結到新的知識與更深入的洞見，進而促成了學生理解。當Johnson老師帶著學生探索神話時，她會教他們在討論或是寫作的時候要使用適當的詞彙與技能，好讓知識、理解和技能

連接起來，成為一個意義豐富的整體。

這種類型的活動，有助於學生構建好框架去組織、思考、應用，並且轉移知識、技能和概念。這些活動都是透過課程裡所有元素，提供增強和連結所學的機會給學生。Johnson老師並未開始思考學生的準備度、興趣、學習的方式；但是，她所做的已在為學生打下基礎，並且是以豐富而有意義的方式進行。

「課程—評量—教學」之連結

在乎學生及自己任教學科的老師，或是投入很多心力在這兩方面的老師，都清楚明白自己在決定學生於既定時間內，要學習哪些重要的學習目標這件事，要非常謹慎小心。當然，常識它本身就很難實現，因為習慣、欲望和其他會讓人分心的事物，會使得我們無法照著邏輯運作。

一個合理的教學循環過程會是：為一個學習單元設下明確的目標，初步發展教學計畫以協助學生熟習這些目標，教學開始前先檢視學生的先備知識是否有與這些目標相關，再根據學生的需求而來調整初步的規劃，教授第一部分內容時，會留意學習目標和學生需求，之後會檢核學生掌握第一部分學習內容的狀況，然後再依據學生的學習狀況而調整下一部分等。

可悲的是，我們許多人在學校的教學模式往往更像是這樣：決定先教什麼，然後就去教；決定接著教什麼，然後就去教；決定再來要教什麼，然後就去教，就這樣一路教下去。在這樣的教學循環裡遇到某一個或更多個「結論」點時，我們就會進行測驗，以便能在成績冊中記錄一些東西，然後我們再重複這樣的教學循環過程。縱使這樣的過程是個常態，當我們這樣教書的時候，就已放棄了有效教學的本質。有效的差異化教學取決於：

- 教師和學生都清楚透過任何單元學習之後，學生應該知道什麼、理解什麼，並能做到什麼；
- 教師和學生清楚於既定的學習時間內，學生和教學目標之間的相對位置；以及
- 教師須肩負起責任，確認後續的學習單元，能夠直接解決學生的學習落

差、學習觀念上的誤解和讓學生極度精熟。若處理這些，都能促使學生顯著進步。

換句話說，目標明確有助於前測與形成性評量的設計，讓老師明白學生的學習起始點，有助於老師規劃教學。形成性評量和前測它們包括了正式或非正式的評估，藉此了解學生的學習準備度、興趣和學習方法。明確的課程目標、持續性評量和教學的一致性，則有助於推動有意義的差異化教學。

• • •

基本上，差異化教學是一項教學模式，關注在課室裡教師**如何**教學以及學生**如何**學習，而不是聚焦在老師教**什麼**或學生要學**什麼**。要教「哪些內容」這屬於課程問題。那麼差異化教學模式看起來似乎和課程本質無關。但是，教師必得區別「某件事」，而且「某件事」它的品質一定會影響課室裡差異化教學的威力以及學生經驗的品質。假使某課程只著重在「機械式操練或技能鍛鍊」，還是極有可能在該課程裡面進行有意義的差異化教學，不過這

需要去思考課程、教學、學習的強度究竟有多大，能夠大到可以當學生長大成人找工作或找兼差、當他們面對真正的困境時，能夠將學到的這些技能拿來解決問題。再請想想，若一個老師將一門很熱門的課程進行差異化教學，但對於這一課程的基本知識、意義和技能卻不是很清楚，那麼差異化教學也只是提供了學生很多學習途徑，但仍是霧裡看花。

課程不該僅被視為文件或被視為老師「照著教」的大綱；課程應被視為起始點，能幫助學習者們理解、或建構他們對所居住的世界的意義。大部分教學的藝術體現於教師能夠展現其能力，將必學的內容與成果整合成為具有連貫性的學習經驗，好讓年輕學子發揮想像力，並同時協助學生們自己建立可靠的、有組織的架構，確保他們可以深刻學到這些學科中最重要的內容。

打造差異化教學課室的教師群 第**6**章

學生不僅儲備著他們聽到的知識，每位學生都在用他特別的、個人的方式在學習。每個孩子都在形塑自己的理解，同時也建構他們對事物的理解……老師有可能教到一班三十五位學生，但重要的，還是要記得所有的學習它最終都是個別化的過程。

—— Max van Manen《教學機智》
（*The Tack of Teaching*）

教師他們在最振奮人心、最有效能的差異化教學課堂裡，並沒有因而全然解惑。他們所做的，只有保持樂觀和決心。他們是堅定的學習者，每天來到學校深信著今天將會有更棒的方法來處理事情——即使昨天上的課是一團亂。他們相信積極地從他們所做的事情裡，找尋並檢索出隱含的線索，可以讓他們找到更好的辦法。這般信念每一天指引著他們顧全工作的各個面向。

這些老師不會按照「食譜」教學。他們知道即使真的這樣從別的商店中偷出一點想法（這是老師之間一招歷史悠久又具正當理由的方法），他們還是必須依自己學生的需求去作調整，讓它切合自己課室那些重要的學習目標，將方法精練，使其成為催化劑好讓學生投入學習與理解。長期聘僱的Susan

Ohanian老師（1988），她引用了孔子曾訓誡過的話來延伸此一論點：一個人可以告訴我們想法上的「一個牆角」，但我們得靠自己找出其他的三個牆角：

我知道很多老師他們會感到失望、憤慨，甚至最後在他們看到沒有人會把全部的四個牆角都送到他們手上時，就會完全崩潰……其實，靠自己閱讀研究報告，以及和孩子他們一起去找出其他的三個牆角，做與不做全都操之在我們身上。因為，教學它就像一道可以續訂的契約，如果我們不繼續尋求新的理解，我們將會發現自己以為非常了解的這些牆角，它們正在不斷滑落。在教室裡會不停發生這般微妙的變化。沒有人可以永遠一直知道平面圖的模樣。（頁60）

第六、七、八章提供了差異化課程與教學實例，藉以說明差異化教學的關鍵原則（見表6.1）。請注意：提出的這些示例都不是現成的課程，不能夠馬上移植到其他課室裡；它們僅告知我們進行差異化教學路徑的某一部分而已。示例中的老師之所以成功，端賴於他們發展、維護學習環境，邀請學生認真學習，並且在這趟學習旅途中時時支持著他們。這些老師會成功的其他關鍵，尚包括了令人信服的課程，當中具備清晰

表6.1
差異化教學課室的主要原則

- 啟發性的學習環境它在學生成就中至關重要。
- 高品質的課程為強而有力的差異化教學提供了基礎。
- 形成性評量顯示教學和學習的狀況。
- 教學奠基於形成性評量所傳達的訊息，並回應學生的學習準備度、興趣、學習風格需求。
- 教師的領導和靈活的課堂活動，使學生在差異化教學環境中了解、貢獻，並獲得成功。

明瞭的學習目標、以學生的理解為中心，還包含持續性的評量，它與所規劃的學習目標一致，能夠讓老師理解學生的發展究竟是朝向關鍵目標邁進抑或是超越目標，另外還有能夠回應學生需求和學習內容要求的教學規劃。

這些例子也說明了這些教師的啓發式思維過程，和他們採取的差異化教學方法。本書這麼做是想支持身為老師的你，依據你身為一位教育工作者，及身為一個人所具有的獨特性及需求，在你任教的特定學科領域帶著學生去找出「其他的三個牆角」。

差異化教學的內容、方式、理由

下面三項問題在分析差異化教學課程與教學時非常有用：老師差異化教學要教什麼？老師**如何**進行差異化教學？**為什麼**老師要進行差異化教學？

老師差異化教學要教什麼？這個問題著眼於老師已修正過、用以回應學習者需求的課程元素上面。要調整的課程元素可能只有一個或是有很多個，這些元素包括了：

- 學習內容——學生要學習什麼，如何獲得訊息、技能以及理解最重要的概念，並能使用這些要素；
- 學習路徑——學生透過許多活動以便能理解基本知識與技能的關鍵概念；
- 學習成果——學生在學習之後，如何展示、延伸他們所知道的、所理解到的，並可以做到的東西；還有
- 學習氛圍／學習環境——教室條件和互動，它們確定了學習的基調和期許。

老師如何進行差異化教學？這問題讓我們留意差異化教學所回應的學生特質。老師是否基於學生準備度、興趣、學習風格進行差異化教學，還是結合這三項中的幾項來呼應？任何學習經驗皆可調整，以回應學生一個或多個特質。

為什麼老師要進行差異化教學？這裡我們考慮的是老師調整學習經驗背後的原因。這番調整是要支持學生學習？是要增加學生學習動機？還是要改善學習效能？這些差異化教學背後任何一個或三個原因，都可以連結到學生的準備度、興趣和學習風格。

學生不可能學會他們難以接近的東西，因為他們沒有任何方法可以理解它。當學習教材過於艱難或簡單而無法引發孩子學習動機時，他們就不會想學習。當所學的內容連結到我們的興趣或經驗時，我們都會更加熱情地學習；如果我們能夠透過喜歡的方式獲取訊息、練習技能、理解概念，就能更有效能地學習。

雖說調整課程和調整教學對差異化教學來說很重要，但下面舉的有些例子僅微調課程與教學，而在其他的例子則會調整很多地方。每一個實例後面都會分析例子裡，該位老師在規劃對學生需求的回應時腦子裡在想些什麼 —— 要做什麼、怎麼做以及為什麼這樣做？在你閱讀我提供給你的示例之前，你或許會覺得先分析自己的情況會是一件有趣的事情。表6.2裡有三個關鍵問題和相關要素的提醒，可以提供考慮。

表6.2
差異化教學的內容、方式與理由

差異化教學內容
· 學習內容
· 學習過程
· 學習產品
· 學習氛圍
· 學習環境

差異化教學方式
· 學生準備度
· 學生興趣
· 學生學習風格

差異化教學理由
· 學習路徑
· 學習動機／投入／相關性
· 學習效率
· 挑戰適當的程度
· 表達學習的機會

以生活實境或技能為主的差異化教學

光是一味地教授技能，只會剝奪學習的相關性和能力。然而，在多數課程裡，大多時間教師傾向讓學生練習事實或練習某一項具體的技能。在好的情況下，教師會要求學生使用訊息或技能，去完成富有意義的學習任務或解決棘手的問題，或者是老師在學生開始練習之前，會介紹更有意義的學習任務或問題給學生；如此一來，學生就可以明白做這些事情的目的。

任何班級的學生對於特定的訊息或技能之準備度都不盡相同，教師需要進行差異化教學，區分出如何讓學生練習那些要素。以下的例子是教師如何根據他們對於學生起始點的評估與理解，用差異化教學設計出與生活有關的連結或以技能為本的作業。

一年級科學：分類

昨天Lane老師一年級的學生趁著校外教學時，讓他們像科學家一樣蒐集可以探索的物品。而今天他們打算分組學習，要把昨天校外教學找到的物品進行分類。

所有學生先把這些物品分成生物或非生物兩類；接著繼續在這些類別底下，以相同類型方式進行分類（如形狀、大小、顏色和物品類型）。不過，Lane老師調整了幾個組別的學習任務內容。較小的一年級學生僅分類實際物品；至於其他組別，則用寫上物品名稱的卡片替代實物。這是為了讓這些初階閱讀者對於他們新學的、要精進的技能感到興奮。依據他們解碼這些物品名稱的準備度，幾位初階閱讀者他們會拿到一張或兩張卡片，而有的則會拿到很多卡片。

差異化教學內容：這項學習任務使學生能夠練習，並了解比較和對比的意義；Lane老師將學習路徑進行差異化教學。

差異化教學方式：Lane老師以學生閱讀準備度的持續性評量為依據，將學習路徑進行差異化教學。

差異化教學理由：Lane老師想讓她的學生盡可能地使用閱讀技巧。字卡能幫助無法閱讀的人；當不同組別的學生分享他們所分類的項目時，那些不會閱讀的學生也可以學到物品與字彼此

連結的例子，這對學習閱讀來說非常重要。

四年級語文：校對

Mack老師在他所任教的四年級教室裡設有學習中心，它用來支持學生提高其檢查和糾正標點符號、拼寫和句子結構錯誤的能力。這一個校對中心蒐集了Mack老師自己寫故事來給不同閱讀程度的學生使用。學生有的時候會從他們正在閱讀的故事中的角色、或從時事中的人物、從Mack老師本人、或從Mack老師曾提到的那些寄居在教室各處裂縫裡整天張望的侏儒和巨魔們身上，找到各種訊息。端視他想要讓學生們怎麼去修改故事，Mack老師會用他幽默的口吻、充滿機敏以及犯下不同類型的錯誤來寫這些故事。Mack老師所寫的故事複雜性，也不盡相同。

有時候學生將自己的作品放在校對中心的盒子裡，這樣同學就可以幫他們潤飾草稿。Mack老師他自己也會審閱這些作品；他會要求某幾位學生去審查某些文稿，因為他知道這幾位學生能夠依作者的需求和他們自己的語言熟練度，用較有意義的方式來回應。

差異化教學內容：以技能為主的練習，是本次學習任務的評量重點。Mack老師讓學習路徑進行差異化，讓特定的標點符號、拼寫和句子結構的要求可以跟學生的技能需求搭配；同時，他也確保閱讀程度的挑戰性是否合宜。以這兩種情況而言，他都在讓學習內容進行差異化。

差異化教學方式：Mack老師依據準備度來進行差異化教學，就本次示例來說，指的是標點符號、詞彙和句型結構的熟練度。因為他深知學生感興趣的點所在，所以他很享受將書中的角色、英雄或侏儒註記許多錯誤滿布的筆記，心知這些筆記會讓某些學習者心中產生共鳴。另外，只要他有時間的話，會將負責評論的學生其個人興趣跟另外一位學生寫作的主題配對，這個作法成效很好，學生都很期待Mack老師的校對課程。

差異化教學理由：Mack老師的學生在寫作與校訂上，有不同的技能需求。在準備給學生的教材中，Mack老師犯下各種不同的錯誤，他是為了要有效地讓學生們盡可能快速地學到技能。Mack老師會避免無謂的重複練習那些

學生早已精熟的技能，以免學生感到無聊，他也避免使用超出學生學習準備度的技能，免得對學生產生困擾。他知道學生的準備度和拼寫、句型結構、標點符號有所關聯，因此他會直接指導不同小組學生去學習特定技能，或是用類似的學習任務好讓各小組之間可以練習檢閱作品。此外，學生因為Mack老師的幽默、他們的閱讀會依程度進行配對，還有機會幫助同儕改善寫作，這些讓學生顯得很有學習動力。

二年級語文：按字母順序排列

Howe老師在明亮的膠合板上面釘了幾個大釘子，做成好幾個可以用來排列字母順序的板子。她的學生要把各個單字依照字母排序排好，然後掛在釘子上，練習字母排序的能力。

Howe老師給了每位學生一人一個杯子，裡面裝著圓形的、紙製的、金屬邊的吊牌。每個牌子上都有一個生字，要學生按字母順序排列。有些杯子裡裝著學生並不熟悉的生字，這些生字只有幾個音節且字首都不同。其他杯子裡裝著的那幾個單詞，則是有著非常相似的拼寫位置。有時候Howe老師會放入一個吊牌，吊牌上面寫著一個並不存在的單字；如果有學生發現那是不存在的字，並且「證明」它為什麼是假的（藉由拼字原則或使用字典作為證據），他們就可以得到獎勵。

差異化教學內容：這項學習活動，或可說是學習路徑，基本上都是一樣的；它只是在教學素材，也就是學習內容上面，有所變化。

差異化教學方式：跟前面一樣，這回在學生技能上的準備度進行差異化。在要排序如汽車（car）或無邊帽子（cap）這樣的詞彙時，對某一學生來說已有相當的挑戰；對另一學生來講，動詞選擇的現在式（choose）與過去式（chose），或者圖書館（library）跟圖書館員（librarian）這樣的詞彙，才具挑戰性。

差異化教學理由：這項活動對老師而言，重要的是學生的學習效能與理解。Howe老師試圖了解學生目前已會使用的技能程度究竟在哪裡，她想幫助每個孩子，讓他們盡其所能向前邁進。重要的是，老師要明白每一套教材它都可以有很長的使用年限。一整杯寫有生字的吊牌它在九月的時候，被用來

挑戰一位該年級的閱讀者。它到了十二月時，對於技能學習進展較慢的學生來說，它的難度可能才算得上是剛剛好。

八年級體育：排球技能

Grant老師他經常在體育課帶全班打排球，讓他的學生學習全班作為一個團隊而合作。有時候他則會將全班學生分成兩大組。在體育館的這端，學生進行排球比賽。Grant老師會讓具有領導能力或是喜歡排球比賽的學生，輪流練習擔任排球比賽的裁判。而在體育館的另一端，他集合了需要改善某些排球技能的學生，像是托球、殺球、或得練習在接球時不會退縮。學生在團隊裡接受老師直接指導的方式，它們既多元且有變化。

差異化教學內容：Grant老師將學生的學習機會進行差異化，讓他們精熟這些必備的、特定的排球技能。這兩大組要鍛鍊的特定排球技能（內容）與小組活動（學習路徑），彼此各不相同。

差異化教學方式：Grant老師很大一部分專注在學生排球技能的準備度上。他還會留意學生的學習歷程，給那些具領導力的學生足夠的機會去磨練這些技能。

差異化教學理由：當學生能夠發揮自己實力（動機）時，他們對於參與運動的感受會更好。至少在一些上課的時間，若學生的個別需求能夠以系統性、集中的方式得到解決時，他們就更能夠有機會學好。

高中生物學：詞彙發展

Cunard老師的生物課上有很多學生正在學習英語，他們也同時努力地想精熟生物課程。每次在新的章節開始或是進入新的學習單元之前，她會先教學生一些單字。在很多情況下，Cunard老師認為有必要加入這作法，讓學生預先討論（front-loading）這些字彙，對文本理解力稍弱的學生、對有學習障礙、學習複雜詞彙本來就有困難的學生，還有其他因為種種原因而使得學習單字有困擾的學生來說，這樣的作法它很有幫助。

有時候在學習單元開始之前，Cunard老師會給有此需求的學生約15到20分鐘的時間先討論字彙；至於其他學生則獨立或透過小組工作，以完成老師指派給他們的那些與目前學習單元有關的

任務。

Cunard老師提供給小組六至八個詞彙，這些關鍵字彙有助於學生理解該單元內容。為了幫助學生理解單字意思，她會問學生問題、提供示例、利用學生熟悉的，並且聽起來像新的詞彙的單字、劃記文本的重點，協助他們學習字根、字首。而小組的工作目標，即是用學生懂得的詞彙寫出清楚簡潔的定義。Cunard老師會把這些字彙放在「關鍵字」公告板上面，並在教到該單元時常常提到這些字彙。

差異化教學內容：Cunard老師將學習內容和學習路徑進行差異化。學習內容的差異化並不在於教材本身，而是介紹教材的時機點。她將學習路徑進行差異化，提供鷹架給需要的學生，讓他們可以更為獨立地掌握這些字彙。

差異化教學方式：預先討論（front-loading）它即是基於學生的準備度，而進行的差異化教學。

但是在某些情況下，Cunard老師只讓小組裡學得最好的學生（小組裡他們更能聚焦學習）或是那些傾向聽覺學習甚於閱讀學習的學生，進行預先討論。

差異化教學理由：Cunard老師並沒有讓全班進行預先討論字彙這一活動，因為有的學生已經知道這些字，而有的學生可以透過文本或班級討論學到這些字彙──這也是Cunard老師希望全部學生都能夠學習到的目標。她的目標是要讓所有學生在知識和技能學習這兩方面上皆能向前邁進，而不要只讓某些學生進步或有些同學退步。預先討論關鍵詞彙讓她在既定時間內，能夠提供鷹架給需要的學生，而不會對其他學生產生「後拉力」，拖累到其他同學的學習進度。

高中世界語言：了解文法型式

Higgins老師的德語初級課堂上有一項文法練習，它強調動詞型式與過去式使用，但Higgins老師班上的學生學習外語的速度和能力彼此差異很大。

有一組學生基本上對於文法觀念理解有困難，尤其是德語，所以他們要拿老師提供的德語句子來練習；每個句子都會有一個英語動詞，學生必須提供該字相對應的德語動詞之過去式。有時候練習題會出現一個英文名詞或代名詞，學生必須提供正確的德語動詞變化。

Higgins老師會確認句子缺少的動詞皆是規則變化，而句子裡其他缺少的地方基本上主要與基礎翻譯和對話有關。

程度比較好的第二組他們也進行類似的學習活動，但他們的句子裡有更多的單字不見，且那些單字的複雜度更高些，包括一些不規則動詞。第三組學生處理的句子跟第二組一樣，只是所有的句子都是英文，學生必須把它們翻成德語。Higgins老師的課堂裡有兩到三個學生並不需要這樣的練習，因為形成性評量和課室觀察都告訴了她，這些學生們已學會這些動詞變化，所以她給這些學生一個情境題請他們去發展內容，告訴他們有哪些文法結構必須出現在這裡面，學生必須以書寫方式或是藉由錄音來表現這一個情境題。今天某一個小組所完成的任務，它有可能是另一個語言掌握較不精熟的組別，他們接下來這幾天的功課。

差異化教學內容：學生透過不同的學習內容來練習。雖然所有的學生都在學習過去時態的動詞，但是他們的作業卻有所不同，包括句子的變化或是單字的元素不一樣。

差異化教學方式：Higgins老師根據學生的語言程度給予他們基本的文法結構訓練，以達到學生不同的學習準備度。

差異化教學理由：Higgins老師的一些學生在面對下一個挑戰之前，他們需要額外的、引導的機會來練習基本的動詞規則變化；而其他學生則準備好應付更複雜的、不可預測的不規則動詞，他們可以利用更大範圍的句子類型和單字來練習。即便因應不同要求而在複雜度、獨立性和開放性的程度有所不同時，Higgins老師仍會確保所有學生在技能上都能從目前較舒適的水平順利前進。要求學生完成適合其準備度的學習任務，它還能夠讓Higgins老師把她的直接指導做得更好，並且監控各小組學習。她每隔幾天就實施這個學習路徑，以確保學習德文有挫折的學生不會跳過理解步驟，也不讓他們再有更多的困惑或失敗。這樣一來也確保了學習速度較快者不會「靜止」不動，甚至還能培養他們使用該語言的能力。這樣的設計讓所有學生能夠更有效地工作，並有自信地在課室裡，進行口說練習或書寫練習。

六年級語言：拼寫

Estes老師在九月分對她的學生進行了拼寫狀況的前測。通常她要鑑別學生的程度是位在二年級，還是已達八年級頂尖表現。全體學生接受的拼寫測驗過程是一樣的，但每個學生測驗的表單內容卻是根據他們目前的拼寫程度所設計。Estes老師用不同的顏色標示這些測驗表單，而不是用年級來標注它們。

學生手上拿著拼寫筆記本，然後從他們的拼寫表上面抄寫下十個單詞。學生將抄下的這些字來創造句子，然後讓同儕檢查這些句子，學生要修改他們犯下的錯誤，最後再把拼寫筆記本拿給Estes老師檢查，然後再修正剩下的錯誤。每個單詞要抄寫五遍，最後再針對這十個單詞進行一次小考，旁邊則會有一位同學負責監考。任何有錯誤的單詞，將會變成學生下一張拼寫清單的一部分。Estes老師會把學生之前的拼寫表單輪流拿來進行個別測試；學生拼寫錯誤的單詞，將會被「回收」到下一張拼寫清單中。

在幫助學生內化重要的拼寫模式這個學習過程之中的不斷重複，證明它是相當有效的。精熟八年級字彙的學生在這一年的任何時候，他們都得經歷這樣的單字學習過程，熟練字根以及不同語言的詞類變化，此一過程有助學生理解英語的演變。目前Estes老師在任教的兩個班級當中，她擔任幾位學生主要的拼寫夥伴。他們會坐在教室某個角落，而她經常在那裡跟學生討論，這樣她才可以容易找到學生他們。Estes老師經常和他們一起檢視其單字學習狀況，並且提供他們工作完成的目標，有的學生可能要有個別化的學習計畫來規劃他們的語言學習目標，而其他學生則是一些跟同儕合作有困難的人。有時她喜歡讓學生彼此互相檢查對方的作品；若時機不恰當時，她會親自檢查學生作品。隨著一年逐漸過去，學生越來越習慣課堂例行性活動，Estes老師就會修改這些學生的工作計畫，讓他們跟更多同學互動。

差異化教學內容：Estes老師透過變化拼寫表單，而進行學習內容上的差異化教學。所有學生的學習路徑或學習活動都保持不變，除了那些已經受過拼寫測試的學生以外。這些學生的學習內容和學習路徑都會被調整過。Estes老師也會幫那些目前還沒完全準備好在大

班級裡獨立工作的學生們，調整學習環境（如座位安排）與學習氛圍（如教師提供的學習結構來支持學生的安全感和成就感）。

差異化教學方式：所有的拼寫內容的差異化，都是基於學生學習準備度的持續性評量結果。

差異化教學理由：這樣的學習過程提供機會給每一個學生，讓他們以最適合自己的速度成長。對中學生來說，獨立學習與同儕協助都能引起學生學習動機。

七年級（所有科目）：探討具體的事實與技能

威浮球（Blitzbll）是很受七年級學生歡迎，所組成的隊伍。許多教師會用它來複習學過的概念和訊息，幫助學生了解重要知識和理解。

在老師的指引下，學生們在混合了不同學習準備度、約四至六人的小組裡學習，確保他們自己知道和了解關鍵訊息。球隊用威浮球比賽：老師先請一個學生來到用膠帶貼成的直線前面，然後問該生一個問題。當學生答對時，學生就有機會把一顆網球丟往一個明亮的膠

合板背板上，背板每一個角落都有四個小孔，而板子中間則有一個大洞。若球擊中板子，該隊伍就得到一分；若球通過板子中心孔洞，則得到三分；若球穿越板子角落的小洞，球隊就可以獲得五分。

比賽時，在旁邊觀看的觀眾學生如果說話，他們的隊伍就會扣五分。所有學生都要留意搶答題，才有機會搶答得分。教師們根據學生理解的狀況和技能來調整問題，確保所有學生都有適當的挑戰，也確保每一隊伍都有機會獲得積分。

差異化教學內容：學習內容進行差異化，但學習活動或學習過程保持不變。

差異化教學方式：教師根據學生在特定時間、特定內容的準備度，來進行差異化。

差異化教學理由：比賽的節奏緊湊，它使得學生獲得高度的學習動機，他們會因為每個人都有平等的機會得分，因而變得更有動力。學生的擲球能力決定了一個有趣的、額外的促動因素，雖然它跟學生學科的準備度並不相關，而得到最高積分的也不見得就是學

術表現優異的學生。

其他反映在這些例子之原則

以技能為主的學習活動它在參與度上通常並不是最高的，但許多老師他們已經用幽默的方式、提供活動機會、讓學生合作等種種方式，有效地使學生的學習活動變得更為友善。在這些情況裡，活動都一樣重要，沒有一個活動會比另一活動要更好或更不理想。雖說每位學生都會認真專注於老師視為重要的技能，但練習該技能的活動設計需要能夠吸引每一個人。

這些例子也說明了老師為了讓學習任務相符於學生需求，他們得使用持續性評量評估學生準備度、興趣和學習風格。他們不強迫學生得全力完成學習任務。學生準備度和特定時間內的某一特定能力有關，但它不代表一個孩子身為學習者的全部能力。學習任務得經常變化，學生無須被分為或被視為「學習遲緩者」或是「聰明的孩子」。

一個喜歡在文學上進行思考的孩子，可能拼寫有困難。一個拼寫能力佳的孩子，可能有閱讀理解障礙。一個很不會寫德文句子的孩子，有可能口語表達能力非常好。有些學生在很多事情上面都學得很辛苦；有的學生在學習很多事物時都能學得很棒；而更多孩子有些地方學得尚可，有些則馬馬虎虎。我們要更公平、更準確地在既定時間內，找出學生對特定技能的學習準備度，而不是用一項技能就判定了孩子的一般能力。

這些示例中的教師，他們正製作著學習的自動扶梯。他們不會認為所有六年級的孩子都得學習同一張拼寫清單，他們不會認為所有七年級學生都得學會整套的排球技能，他們亦不會認為每位初學德文的學生都得寫出完整的句子。這些老師試圖用系統性的方式，找出學生低於預期的學習表現一級、低於兩級甚至三級的時候，分別會是何種模樣，然後以最小的差距帶領他們前進，讓他們沒有絕望感。他們也企圖以系統性方式找出高於預期的學習表現一級、高於兩級甚至三級又各為何種模樣，以最小的、似「原地踏步」貌引領他們前行，讓他們意識到學習即是努力與挑戰的代名詞。

以學科内容或理解為本的差異化教學

前一節反映的原則和信念，仍會在接下來差異化教學的例子裡繼續產生作用。只是，接下來的示例傳達了教師企圖整合幾個或整個學習的不同面向——如事實、觀念、原則、態度與技能。這些老師從最開始的初始點區分了課程内容和教學，重點在於讓所有學生把所學的東西變得有意義（或理解）。

十二年級生的政府課：政府和社會的演變

在爲期三週的時間裡，Yin老師的政治課的高三生，他們將以三至五人爲一組進行研究。他們的學習目標是理解「權利法案」如何隨著時間推移，而影響目前社會各界。爲了持續探索法案這個概念的演變，學生將要探討的原理是，那些統御社會的文件與機構它們會如何改變自己，以因應時代變化的需求。這專案要求學生學習研究技能，以及說明文寫作技巧。

Yin老師把學生放在類似閱讀準備度的「調查組」（組別包括閱讀困難者

到一般讀者，還有一般讀者到進階讀者）。所有研究小組都將進行爲期三週的研究任務，當學習單元進行時，學生還要檢核下列議題，如：

- 「權利法案」當中的一項或多項修正案，它們如何隨著時間推移而變得更有包容性；
- 促成「權利法案」裡的一項或多項修正案，它們得重新詮釋的社會事件包括哪些；
- 重新界定一項或多項修正案的法院裁決内容；
- 目前對於一項或多項修正案的解釋和應用有哪些；以及
- 那些與修正案相關卻尚未解決的議題有哪些。

Yin老師的學生們手裡都有一份評量表，内容羅列說明文寫作的結構與對其内容的要求，每位學生都得根據他們團隊研究得到的東西發展出一篇作文。很多資源如印刷刊物、網路、影片、廣播等，都可供團隊使用。

儘管任務中許多共同要完成的地方它們皆有共通點，但Yin老師還是在兩

方面進行差異化教學。有些小組要研究他們所熟悉的社會團體，但他們必須把議題更明確地定義出來，或是用基本的閱讀水平去找到更多可用的訊息。至於其他小組則要研究他們不熟悉的社會團體，探討較少界定的議題，或是資料來源更為複雜的議題。

　　學生可以選擇要寫短文、選擇撰寫具詼諧性的模仿詩文，或是選擇用對話來反映他們所理解的內容，他們也可以提出另一種撰寫格式。Yin老師針對不同作品格式提供了簡要的引導說明，並且附上評量表，告知學生他對這些不同格式作品中共通的、特定的要求為何。

　　差異化教學內容：雖然學習活動要回答的主題不變，但學生調查這些主題的方式並不相同；這樣一來，老師就區分了不同的學習路徑。最後產出的學習成品，則提供學生表達的多樣性。學習內容的不同，在於學生將使用閱讀難度不一的資源來研究。

　　差異化教學方式：Yin老師根據學生在閱讀、寫作和抽象思維的精熟度來調整教學。（他也會依據學生的興趣來調整，鼓勵學生選擇他們特別感興趣的社會團體來研究。）他提供三種學習

成果的選項，來應對學生的準備度及學習風格。比起撰寫具詼諧性的模仿詩文，學生所撰寫的文章就不太要求他們使用較複雜的思維以及較多文字遊戲。對某些學生而言，他們可能會更喜歡對話格式而不是短文格式。雖然學生可以提出另外的產出模式，像是使用視頻、用網路為媒介來呈現、或用附有注解的藝術形式等，不論哪種學習成果，對於所需內容和技能的評量規準都是一樣的。

　　差異化教學理由：Yin老師認為獲取素材來研究非常重要。研究材料和來源的複雜性這一點的差異很大，而研究的主題是否清晰明確也有很大的差異。藉由媒合學生和研究素材與研究主題，Yin老師極盡可能地讓學生接受挑戰，同時也讓學生掌握住基本概念和原則。同樣地，他提供了不同難度的學習成品選項讓學生選擇。讓學生自己選擇他們要產出哪種學習成品以及鼓勵他們作出其他的選擇，這些都在平衡Yin老師扮演診斷者的角色，讓學生依自己的需求來決定自己的學習。

一年級（所有科目）：模式

Morgan老師和他一年級的學生尋找語言、藝術、音樂、科學和數字裡存在的模式——因爲這些模式無所不在，就連他們所學習的一切都看得到那些模式；他們理解背後的原則：這些模式不斷重複，而且那是可預測的。今天Morgan老師和學生正在練習書寫的模式。

全班都看過像Seuss博士這類的作家，他們都如何使用語言模式；他們會幫這些句型打拍子、朗讀這些句型，討論句型當中的聲音、單字和句子。他們還會聽老師唸出一本書裡的一個句型的一部分，然後預測句子接下來會接什麼話。

Morgan老師剛剛爲學生朗讀了Margaret Wise Brown（1949）撰寫的童書《重要書》（*The Important Book*），書裡頭用到了很多句型。比如說，裡面有一句型是「跟____有關的重要的事情是____，它很____。它很____。而且它很____。可是跟____有關重要的事情是____，它很____。」（例如：「跟晚上有關的重要的事情是它是暗暗的，它很安靜。它緩慢爬行著。但它卻很令人害怕。但跟晚上有關的重要的事情是它是暗暗的。」）

現在一年級學生他們要爲班上製作一本「重要書」，以展示他們如何使用這個模式來寫作。Morgan老師讓學生們分組合作來設計書裡的各頁。而那些需要更多協助來練習句型概念和句型寫作的學生，則跟著Morgan老師一起挑選他們想書寫的重要對象。Morgan老師會帶領學生，讓學生跟他說他們想要在圖畫紙上寫些什麼，確認他們選定好主題，描述跟主題有關重要的事，並完成句型練習。之後Morgan老師會讓學生輪流朗讀他們的頁面，有的是學生單獨朗讀，有的是團隊朗讀；他會讓每個學生談談句型裡出現的重複，並且討論如何預測該句句型。書頁完成後，Morgan老師將它轉換變成與書一般大小的形式，讓它跟班上其他同學設計的書頁併放在一塊。

有些學生是透過兩兩一組來完成Morgan老師設定的格式，他們用自己的話來填寫這格式，然後自己完成寫作。不過，Morgan老師會給這些學生名詞和形容詞的字彙表單，如果他們

「卡住了」，就可以使用這表單。課堂上有幾位學生的寫作能力非常好，他們的任務則是要「從頭開始」設計書頁的內容。如果有需要，他們可以參考原著，但大多數學生多是憑著記憶來發展自己的頁面，並且自己書寫內文。Morgan老師提供這些學生具有挑戰性的評量規準，用來評量他們的學習成果。他們將先把作品的草稿拿給同儕互評，這樣同儕可以彼此互給回饋，好讓他們的初稿品質修改得更好。

Morgan老師要求各組所有的學生要在接下來的某些時段，朗讀他們設計的書給全班同學聽。他會用這機會讓學生討論句型，以及他們如何在他們的書裡使用這句型。學生將在異質小組裡和同儕一起共事，他們在組裡說明自己製作的書頁內文，接著一起製作封面和標題頁（這兩項活動皆為製作圖書流程的過程），然後裝訂好書，並將全班同學利用句型來創作的書蒐集起來，把它們捐給圖書館保留。

差異化教學內容：在這情況下的學習內容基本是一樣的；所有學生都學習相同的概念和原則，而且都在練習寫作技巧。只是Morgan老師提供的學習路徑不一樣，為了協助學生製作書頁內文，他提供不同程度與不同類型的支持、引導。

差異化教學方式：Morgan老師根據他對學生寫作與句型寫作的熟練程度的評估，區分了學習活動以回應學生的學習準備度。

差異化教學理由：大多數一年級的學生，都可以展現其廣泛的語言技能。因此，所有學生都需要得到機會去探索模式、識別模式、學習如何發展模式、鍛鍊寫作技能，以及一同製作班刊。但是為了讓學生的語言可以全面發展，它需要讓學生們接受適度的挑戰，老師得提供給學生具備不同的學習結構與不同程度支持的寫作任務，才能回應不同階段的語言發展。

九年級美國歷史：革命與變革

Lupold老師和她九年級的學生，正研究美國的工業革命。她研發了一個以概念為主的學習單元，針對學生學習準備度、興趣、學習風格之共同處與相異處來設計。這一學習單元（和本學年的其他學習單元）是基於幾個概念來談，比如相互依存、變革、革命、匱乏和富

足。學生將要檢核下列原則：

- 社會的某一部分變化會影響社會的其他部分；
- 人類抗拒變革；
- 改變是必要的進步；
- 當社會裡某些成員經濟資源不均時，衝突自然時常出現；以及
- 某一歷史時期的鬥爭會與其他歷史時期的鬥爭非常相似。

在此課程中所有學習的技能裡面，所要強調的技能包括了理解文本、作筆記、分析，還有辨別與遷移歷史主題。學生要學習的知識，包括了工業革命的重大事件、該時期的產生的原因與影響，以及與這時期有關的詞彙。

Lupold老師並未告訴學生即將要學習的「新」時期的名字，她要學生和同學到指定的組別（隨便就座），利用網絡圖或是心智圖來展現他們之前所學的歷史單元的重點；這有助於學生使用他們已學會的概念來打基礎，作為下一階段學習的準備。

Lupold老師邀請喜歡朗讀的志願者們，先把兩本小說的節錄帶回家準備。他們可以回家先練習大聲朗讀，準備第二天上課時朗讀給全班聽。對於閱讀有困難的學生，Lupold老師則提供Katherine Paterson（1991）所著的《逆風飛翔》（*Lyddie*）的節錄給他們，這本書很多閱讀程度低於該年級水平的學生都能夠自己閱讀。至於閱讀程度已達成人水準的學生，她則提供他們閱讀Harriett Arnow（1954）所著的《人偶大師》（*The Dollmaker*）當中幾個段落。

到了第二天，志願朗讀的學生在班上朗讀了從這兩部小說裡，挑出的某幾個重要的段落唸給全班聽，這幾個段落描述了美國工業革命期間的生活條件（雖然這一術語本身沒有被使用過）。Lupold老師利用「思考—配對—兩人分享—四人分享」（think-pair-share）策略，向全班提出了幾個重要的問題：「在我們國家，若人們要這樣生存下去，還有可能會發生什麼事？」學生花2分鐘的時間獨自寫下自己的想法，接著轉向他們想要互動的、也在思索這問題的學習夥伴（學生跟坐在附近的夥伴互動，因此不須走動）；學生用2分鐘的時間兩兩討論彼此想法，然後每一對

夥伴接著要去跟另一隊夥伴組隊，形成四人一組的小組來交換想法。這四人小組在經過4分鐘的討論之後，Lupold老師會對全班再次提出這一問題，大家再來一起討論。

最後，她協助學生把他們在小說中聽到的內容，與他們前一天所畫的網絡圖連結在一塊；她告訴學生這個新的時期稱為「工業革命」，接著她帶著他們思考這一專有名詞的意義，讓學生預測小說接下來會發生什麼事情。課堂結束之前，學生用KWL表格去列出他們對於「工業革命」所知道的事情、他們知道但不確定的事情，以及他們想要在這學習過程中知道的事情。

隔天，學生會觀看和該時期有關的影片，然後他們要從四個學習日誌的提示裡面，挑選出一個來完成自己的學習日誌。學習日誌的提示都和變革的主題相關，它們有不同的困難度，而學生可以自由選擇他們想要的日誌提示來書寫他們的日誌。然後他們要去讀文本，用老師發的三個網絡圖當中的其中一種來作筆記。網絡圖的結構與數量都不盡相同；Lupold老師針對學生閱讀文本使用的技能狀況做了持續性評量，而根據評量的結果來分配這些網絡圖。

當學生在閱讀時，Lupold老師會讓小組們跟她一起坐到教室前面地板上。她再次用她所知道的以及她的學生身為讀者們的需求，來跟學生一起找出關鍵詞彙，解讀重要段落，以及直接閱讀文本。當學生閱讀完一個章節時，她很快地給學生進行形成性評量。這時候的評量它並不是在評分，而是想更了解她要如何在接下來幾天指派學生接手她所規劃的重要的學習活動。

這一整年中，Lupold老師和學生一起確認這些歷史的關鍵主題，並且試著遷移這些觀念，同時還指導他們理解這段期間的人們他們所經歷的事物和其他時期的人們類似。以目前在上的單元的其中一部分來說，Lupold老師的課裡探討了Paul Fleischman 的《日界線：特洛伊戰爭》（*Dateline: Troy*, 1996），學生同時還要閱讀《伊利亞德戰爭》（*The Iliad*）一書裡幾則重要段落，以及閱讀一些現在新聞報紙和雜誌的剪報，讓他們發覺到現在正發生在這個世界上的這些事件，它們與古代的這些大事多麼類似。雖然Fleischman所著的書它處理的時期並不是「工業革命」，但

這本書強化了一項觀點：某一時期的鬥爭與另一時期的鬥爭它們會非常相似，而這個觀點即是各小組活動內容的基礎。

在這學習單元裡，因為要學相關知識並且理解重要訊息——根據Lupold老師對於學生在閱讀的精熟度與對歷史思維的了解，她把學生分成四大組別（T、R、O、Y四組）。每一組都得先確定好與「工業革命」有關的重要主題，然後利用這一主題檢核當時與當前的事件並加以比較。每組活動略有所不同，但都是依據學生學習準備度來設計的。

T組學生的活動是要模仿Fleis-chman的《日界線：特洛伊戰爭》（Dateline: Troy）。活動的指示包括了要列舉「重要事項」，活動指示的內容如下：

作者告訴我們，在3000年前就有了用抽籤的方式來決定誰加入軍隊，越戰也是如此。現在，請兩兩一組配對，再看一次工業革命的影片。在影片和課本中，找到工業革命時期發生的重要事件。在我們進行這項作業的其他部分之前，再跟我一起檢查你們所列的重要主題。接著，請大家觀看新聞節目，並找找現今事件中是否有和工業革命時期發生的相似事件。

T組學生用Lupold老師提供的三欄表格來列出工業革命時期的重要事件、現今的事件以及兩者之間的相似處。任務最後，他們會向同學展示一段新聞影片來說明影片中的事件和工業革命的事件有何相似之處。Lupold老師鼓勵學生將表格內容視覺化（做成投影片或大型海報）或是作成視覺圖表於簡報時使用。同組的每個人都需要上臺做簡報。

R組的任務則是先找出《日界線：特洛伊戰爭》（Dateline: Troy）書中，左右兩頁的關聯性（例如：48頁的Achilles和49頁的Darryl Strawberry共同的問題是什麼？）其次，他們需思考工業革命的重要事件，然後搜尋《時代雜誌》（Time）、《學樂新聞》（Scholastic News）、《新聞週刊》（Newsweek），以及線上新聞以找出五個同等重要的事件。他們需從中選擇二個最速配的事件，並在進行前向老師說明「速配」的理由。最後他們需在一

本叫做《日界線：工業革命》（Date-line: Industrial Revolution）的書中創造兩頁內容：左邊列出工業革命的事件，右邊則是相對應新聞文章的拼貼。學生可用卡通、電腦動畫、頭條和插畫搭配文章。同組的每個人都須能夠向同學簡報、說明，並解釋內容。

O組的學生閱讀《日界線：特洛伊戰爭》（Dateline: Troy）一書的任務是要創作類似的書摘，內容則是工業革命。他們將找出大約八個能展現工業革命時期本質的事件。接著，他們將找出在這個世紀有什麼相似的「革命」事件，自創或找到兩者對比清楚的拼貼資料，並在自己的書中設計方法，說明展現兩個革命的相同本質。學生必須在執行前，先和Lupold老師澄清他們對書頁內容的計畫。他們的重點在用字及視覺輔助要有自己的見解，所有組別成員都須準備好能夠分享和闡釋自己的創作。

Y組的任務說明如下：

我們正在研讀的時期是工業革命。然而，這時期和法國革命、美國革命或俄國革命不同，沒有軍隊或戰爭。個人也可以有革命的經驗。以《日界

線：特洛伊戰爭》（Dateline: Troy）為範例，請設計一個方式來思考或展現你認為在任何革命（例如：快速改變、恐懼或危險）中所需要的關鍵要素。你的比較須包含工業革命、一項個人革命及一項軍事革命。比較的主題須是重要、合理且論點充足；也必須要能有效傳達你的想法，也就是要正確、有見地、清晰、生動並易懂。

當單元即將結束時，Lupold老師對工業革命的主題進行授課，加強她想要突出的訊息、概念和主題。她以學習者為中心來規劃授課流程，以視覺圖表（graphic organizer）呈現內容順序（以引導學生做筆記），並且一個段落授課約5分鐘。每個段落中，她進行班級討論、重點摘要、向學生提關鍵問題，並要學生根據聽到及思考的內容做預測。

接著，Lupold老師利用T組和R組的分階活動資料，輔助她以證明工業革命時期和現在其實差異不大，然後全班繼續透過四人小組分享來探索概念。分享組的學生各來自四個不同的分階活動小組，他們利用自己日界線的資料探討

以下四個問題：

- 工業革命爲何和我們的生活有關？
- 工業革命的關鍵事件；
- 工業革命的關鍵主題／元素；以及
- 工業革命爲何是革命性的。

Lupold老師並沒有指定學生回答特定問題，但因爲本質上是分階活動，每位學生需準備回答至少一個問題。

學生接著透過一份包含重要單字、事件和主題的讀書指引，兩人一組完成單元的複習隨堂測驗。學生可以自選複習測驗的夥伴，這複習考並不只是評量學生是否了解單元內容。他們剛完成一份個人作業，這份個人作業約在單元進行到四分之三部分時開始到單元結束[1]。學生在這份成果作業中須設計一個展現革命的方式，這革命可以來自某人的生活、最近50年、文化、某一學科或興趣領域或未來。

學生在作業中說明他們探討的革命事件如何反映出主要概念和主題（改變、貧乏和富庶、相互依賴、危險）。

透過研究報告、範例引導、創意寫作、戲劇、音樂和其他形式，學生表達他們對工業革命對等事件的發現和理解。這份作業他們可以獨立完成，也可以最多四個人一組。Lupold老師提供評量標準，以確認學生的作品都聚焦在關鍵的知識、理解和技能。她也鼓勵學生爲自己的成品加入特定的評量項目，並將擴充的版本交給她批准。

差異化教學內容：在整個單元中，Lupold老師在內容（例如：影片和文本材料的使用）、路徑（例如：《日界線：特洛伊戰爭》一書的分階活動），以及學習成果（例如：學習成果可用不同方式表達關鍵理解）三方面，都進行差異化教學。

差異化教學方式：Lupold老師爲因應學生不同的學習準備度，她提供志願者兩種不同程度的小說來朗讀，並且變化分階任務中的具體性／抽象性和結構性／開放性，以此進行差異化教學。她提供學習成果應用和表達方式的選擇，以進行興趣差異化。在學習風格差異化方面，她提供學生選擇作業的情

---

[1] 作業前四分之三已在分階活動小組完成。

境，並在分階活動迎合不同的學習優勢。

這位教師示範了差異化的許多關鍵原則。所有學生皆從事有尊嚴的活動，這些活動有趣、聚焦在關鍵的概念和技能，並且有可能為不同需求的學生促成挑戰和成功。學生在不同分組中進行工作，他們可以：隨意分組、自己找學習夥伴、和另一組合併討論、獨自一人、和準備度相同的同學、和不同準備度的同學，換組方式可依據老師和學生的選擇。

差異化教學理由：Lupold老師知道，如果她提供落後的學生支援（藉由使用影片來補充文本材料，把授課分成易理解的段落，提供複習指引，或者在分階作業中建立更多架構），他們將能夠從具體看待工業革命事件進入更抽象的應用。她也保證進階的學生能接受挑戰：她在幾個重點上提供進階閱讀材料，提供了非常抽象和多層次的分階作業，並讓進階的學生與相似準備度的同儕一起合作。雖然課程聚焦在不同程度的閱讀、寫作和闡釋的技能，但單元的概念重點對所有學生都是很有意義的。Lupold老師做的所有努力，使得工業革命時期更有意義和更難忘。

‧‧‧

在本章所描述的所有差異化示例中，教師都很清楚形成自己學科的主要內容、技能和理解（概念、原則）。教師也不斷尋求訊息來幫助他們了解每個學生的先備起始點和進展，然後嘗試將課程和教學與每個學習者的準備度、興趣或學習方式相匹配。他們希望為學生提供的學習機會是連貫的、難度適中，並有吸引力。每位老師都希望將學習者和學習聯繫起來，這個重要目標在齊一式教室有時很難預見。

支援差異化的教學策略

只有使用各種教學模式的老師，才能成功地最大化所有學生的成就……教師需要「善用」學生的優勢，克服學生學習的弱點。這只能透過教學變化才能做到。

——Thomas J. Lasley and Thomas J. Matczynski《多元社會的教學策略》（*Strategies for Teaching in a Diverse Society*）

教學策略本身沒有什麼好壞之分。本質上，策略是教師可以用來傳遞內容、路徑或學習成果的「法寶」。然而有些法寶比其他更適合達成某個特別的目標。這些法寶，若巧妙地使用，可以是規劃完善的課程計畫和授課的一部分；或不當使用於未經規劃的課程計畫和授課內容。此外，幾乎所有的法寶使用時都可以忽略學生學習差異，或是它們可以成爲較大系統的一部分，此系統適當回應學習差異。如同Hattie（2009）的提醒，並非某個特別的教學方法或腳本會使學生學習有差異；準確來說，差異化爲有關於學生如何在學習中前進，然後使用這些訊息來使學習個人化。這是關於在特定時間爲特定學習者，選擇最有效的策略。

例如：用稱爲群體調查的教學策略介紹分數概念給三年級學生，這是非常沒效率的。同樣地，採用名爲概念獲得的教學策略，要求高中生就基因工程的倫理議題發展立場，這也是沒用的。期許學英語的學生能夠從一場以英語呈現的精彩網站示範中受益，這是沒道理的。想一想，我們稱之爲合作學習的策略：他們經常無法達成期望，不是因爲策略本身的缺陷，而是因爲教師粗淺地應用策略。

專家教師普遍對各種的教學策略皆感到自在，並且隨著學習任務的本質和學習者的需求，巧妙變換策略（Berliner, 1986; Stronge, 2002）。當正確使用時，許多教學策略使得教師能回應學生的學習準備度、學習興趣、或學習風格的差異。一些教學策略在一堂課中只持續很短的時間，而且幾乎不需規劃；有些策略幫助教師形塑各式各樣的課堂風景，需要廣泛的規劃和持續反思。而有些策略強調學生學習的組織或安排，有些策略則主要集中在教學的本質上。

有許多方法可以創造一個具有教學意義的課堂。當你閱讀本章和下一章中的教學策略時，請觀察教師如何運用策略，創造課堂環境使學生有機會自在學習、挑戰自我、跨越難關，找到符合自身學習風格與興趣的學習形式。

如同前一章，教學策略在實際的課堂設計中描述，然後根據教師差異化教學的內容、方法和理由進行分析。

分站教學

分站教學是在教室中不同的地方，學生同時從事各種任務。這個策略可用於各年齡的學生，亦適用於所有科目。在學習過程中可頻繁亦可偶爾使用，可正式亦可非正式，可用標誌、符號或顏色來區分各站；或者教師只須要求各組學生移動到教室的特定區域。（學習角策略和分站策略既有相似處又有相異處，將於第八章討論和說明。）

爲了達成差異化教學，分站教學可讓不同的學生進行不同的任務。此策略需要靈活分組，因爲並非所有的學生從頭到尾都需要到各站進行任務，亦非所有的學生在各站都須花費相同的時間。此外，即使所有學生都得造訪各站，各站的作業可以根據輪替者而每天變化。分站教學可讓教師選擇和學生選擇之間

取得良好平衡。在某幾天，由老師決定誰去某個分站，到那裡時要做些什麼工作，以及在那裡的主要工作情況。在某幾天，學生可以自行決定去哪裡和做什麼。其他時間，某些部分由教師決定，但其他部分可供學生選擇。

四年級數學：分站教學

年初，數學評量顯示Minor老師班上的四年級學生，整數計算能力「五花八門」。她給班上小孩各種不同任務，使其在不同的情境下做不同難度的計算，這可幫助老師評估學生的起始點。她發現這些學習者呈現出差異很大的學習準備度，從低於年級預期程度兩年或三年，到高於年級程度兩年或三年。

她的四年級學生中，仍有些對基本的數學事實和演算法，或是對加法、減法的計算規則仍然有困難。這些學生對乘法表以外的運算一頭霧水。有些學生則對加法、減法和乘法的數字演算，有很好的理解；他們只需要有機會在不同的情況下去應用，這些學生也準備開始正式認識除法。也有部分學生不再覺得四年級程度的數學教材中的加、減、乘法這三個基本的操作有趣或有挑戰性，

這些學生中有很多對於除法有「直覺」的認識。他們之中有些已經正式學過或是自學怎麼做除法。

Minor老師的另一個考量點是，她的學生的注意力長度各有不同。有些人可長時間一頭栽進數學練習；有些人覺得10分鐘的專心工作就很費力。此外，她發現注意力長短並非能力所致。

年度開始，Minor老師逐漸將五個學習分站介紹給她的學生，這些學習站只是教室的不同區域。每一天，學生們會看掛板，上面的釘子代表了教室裡的五個分站。有學生名稱的鑰匙掛牌懸掛在板子的各個部分，讓學生知道自己從哪一站開始進行數學課程。

分站1是教學站。分站1的學生由老師直接指導。他們和老師聚在白板旁，老師會授課，指導他們進行數量計算。通常，她讓這組學生在白板上，或者兩人一組在地板上工作。當老師在其他分站之間巡視時，學生就解數學題或練習技巧。分站1的學生在夾板上的表格找到自己的名字，並確認日期和自己進行的演算種類，以此記錄他們的分站工作。

分站2是證明站。第2站的學生使

用教具或畫出數字計算表示法，並解釋和說明他們的學習內容。此分站幫助學生理解數字和數字計算的運作。學生二人一組分配到此站；但他們先得獨自進行文件夾中一題或一系列的運算練習，文件夾上有他們各自的名字。他們用5分鐘的數字計時器來定時個人工作；接著，夥伴互相分享他們正在進行的工作，如何決定哪種運算法，以及為何認為自己的答案是正確的。他們可以用圖畫、圖表或教具，來「證明」他們的作業。夥伴則會要求他們用第二種方法來思考答案，以確認他們的理解。這個證明站有一張貼給學生的提示，例如：

使用估計法來顯示你的答案是否正確。給我一張圖表或圖片來證明你的思考問題的方式是對的。使用這個杯子中的跳棋，來顯示你解決問題的方式是正確的。

最後，學生可以用計算機檢查夥伴的作業，看看答案是否一致。完成檢查後，學生將填寫一張審核卡，跟作業一起附在文件上。審核卡寫著：

今天＿＿＿＿＿〔學生名字〕用＿＿＿＿＿〔演算法名稱〕解決問題，並用＿＿＿＿＿〔圖表／物品〕驗證該方法。我的夥伴是＿＿＿＿＿〔姓名〕。我們用來檢查我的作業的方法是＿＿＿＿＿〔估計法／物品／圖畫〕。當我們用計算機檢查時，答案顯示＿＿＿＿＿〔我是對的／我需要再思考一下〕。

學生在卡片上記錄日期，並將作業和卡片放在分站的盒子裡。他們離開前在表單上簽名，寫下日期、檢查演算法的類型，以及他們用來表達自己想法的方法。

分站3是練習廣場。在此站，學生可以利用教師設計的任務、電腦程式、提供各種數學技能的遊戲式練習應用程式、或教科書，來培養對某種特定演算法的自由運用、準確性和速度。必要時，他們用答案卡、計算機、或電腦檢查他們的作業。最後，他們對自己的作業進行自我評量，如有必要可以參考分站的範本用字。他們將簽名和寫上日期的作業留在分站的盒子中；電腦作業則能自動產生給老師的報表。學生也在分站表格中找到他們的名字，表格上要記

錄日期、練習的演算法類型、嘗試做了幾題問題和正確的數字。

分站4是商店站，學生要進行數學應用。該店由一位Fuddle先生經營，他似乎總是需要學生的協助。商店中的商品常常改變，因而學生進行的任務也不同。但學生會在店裡進行商店經營或購物方面的工作，而且他們會幫助Fuddle先生，他總因某個理由而陷入困境。

有時在商店站，學生從網站或紙上目錄「購物」。有時他們會根據指定的預算，來決定在商店賣什麼以及買進多少；有時他們會計算庫存和組合物品；有時候他們會兌換零錢以進行一系列的購物。變化的物品、變換的任務，以及可憐老先生Fuddle的存在，使得造訪商店站樂趣十足。商店使數學在日常生活中變得有用。離開商店站時，學生們會寫字條或電子郵件給Fuddle先生，內容會記錄日期、描述他讓自己陷入了什麼問題、他們做了什麼來解決問題，以及下一次應該做什麼來避免這個問題。他們將字條留在分站內Fuddle先生的信箱中，或者寄到老師的學校電子郵件帳號，轉交給他。

分站5是專題站。在此站，學生單獨、兩人一組、或小組一起完成需要以各種形式運用數學的長期性專題。專題的長度和主題各不相同。有時涉及與教室相關的議題，例如：設計學習角、重新設計教室、或進行和報告與學生相關的調查。有時候則處理運動、外太空、文學或寫作相關主題；有時是老師構思專題概念，有時則由學生發想。所有專題的共同之處在於，學生運用數學的方式能使數學和外在世界相連接，並激發學生興趣。每次造訪專題站，學生須在日誌中留下兩則記錄。當一節課開始，他們摘要記錄專題目前的進度，並設定當日目標。在當一節課結束時，他們會寫下目標的進度狀況和接下來的步驟。他們的專題日誌，就放在站內的文件箱中。

有幾天，Minor老師對全班教授數學課、進行全班性的複習、全班性的數學遊戲、或者全班性的「競賽」。有幾天，掛板上沒有學生的名字。有時候，一、兩分站會公告「本日休息」。但是多數時候，學生會被分配到五站中的其中一站。在一週或十天的課程時間內，所有學生皆會造訪所有分站。在這兩週內，並非所有的學生在每個分站都花費

相同的時間；也不是所有的學生都用相同的順序巡迴分站學習。有時學生在某一站和同樣準備度的學生合作，有時他們和不同準備度的學生合作。

Minor老師利用學生的記錄表格、工作內容和規劃日誌，加上定期的正式評量，以指派學生到分站學習。例如：某一天，她在教學站和六名學生一起複習兩位數的乘法。這六名中的兩名學生第二天仍在此站停留；她另外加入兩名學生，他們的兩位數乘法學得很好，但因生病缺席了幾天。四名離開教學站的學生中，兩人去了證明站（加入其他正在進行各種計算的學生），另兩名去練習廣場磨練自己的兩位數計算。在專題站，八名學生進行三項不同的長期性專題。三組中都有一些成員當天在其他分站。學生知道小組成員會在不同分站工作。專題日誌則幫助各組成員一起努力，跟上彼此進度。

Minor老師對學生預期該達到的學習內容標準十分敏銳，並總是在心中規劃。當學生數學能力落後時，她就和學生一起在知識、技能和理解方面努力，以縮小使他們無法前進的差距。同時，她規劃任務、家庭作業和授課單元，讓

學生知道在學習順序中的下一步。當學生表現出進階的數學能力時，她計畫任務、家庭作業和授課單元，以擴展學生的理解力，提高挑戰水準，或引入學習順序中的下一步內容。

差異化教學內容：Minor老師在教學站、證明站、練習廣場和商店站，皆有內容和過程的差異化。所有學生皆學習數學推理、數學應用和數學演算；特定的操作方式、操作的難度，以及活動的難度都有所不同，根據Minor老師對學生優點和需求的持續性評量，為學生量身打造。她也在專題站進行學習成果差異化。學習成果會依據Minor老師對學習者需求的持續性評量、成果的複雜度、持續時間、小組組成、所需技能，以及其他變因皆有所不同。

差異化教學方式：在分站1到分站4，Minor老師主要依據學生的學習準備度進行差異化：同樣準備度的學生進行同樣難度的任務工作。分站5經常（但不是一定）由不同準備度的學生一同進行專題。在分站4（商店站），Minor老師由不同的教材和不同教材的問題，處理興趣的差異化。分站5（專題站）則強調學生興趣的差異化。分站

提供了各種專題的選擇和表達方式。在證明站中，各種思考和展示數學推理的方法說明了學生不同學習風格的需求，以及學生透過不同的方法掌握數學的真實情況。

差異化教學理由：數學操作的基本理解和技巧的呈現方式若符合學生的學習準備度，則使他們更容易接受。由於學習數學的方法、教材和成果的選擇很多元，並且能與不同的同學合作，使得學習動機變得很高。比起全班教學、或是所有學生在每個分站花費相同的時間，並在分站完成同樣的工作，有目標地使用分站，使得教學和學習更有效率。

其他考慮因素：Minor老師使用分站教學的方式，強調了靈活分組的概念。即使在教學站內學生都接受相似的直接教學，他們待在站內的時間仍不同。在分站2到分站4，各種學習準備度的學生在同一站，但進行不同的任務。另外，由於分站間的巡迴沒有一定的順序，而且作業時間長度依學生的需求而不同，學生在數學課會有一種「每個人都做不同的事情」的感覺。他們不會覺得哪幾組需要特別的數學能力。

為何在什麼時間到什麼站學習的分界也很模糊，因為老師有時會根據興趣將學生分到商店站（例如：把喜歡運動的學生分到商店站，因為當天的教材和任務是關於訂購、盤點或購買運動相關教材），或是依據學生在專題站對數學應用專題的選擇。

學習程序

學習程序是某個學生必須在指定時間內，完成的個人任務列表（見表7.1）。整個課程中學生的學習程序有相似，也有相異的元素。老師通常會擬一份讓學生持續兩至三週的學習程序，但持續時間可以不同。當清單上的工作完成後，老師會再擬一份新的程序表。

一般來說，學生決定程序表上項目完成的順序。一天中的某個特定時間會被留用為「學習程序時間」。在國小及實施時段排課（block scheduling）的中學課堂中，教師經常選擇一天中的第一個時段作為學習程序時間。在某些班級，學習程序則為一週一次，或者作為學生完成其他指定工作時的錨式活動（anchor activities）。

表7.1
個人化學習程序

作業完成時老師與學生簽名欄	任務	特別指示
	完成電腦動畫，以展示火山的運作。	一定要確認你的動畫說明，在科學上是正確的。
	閱讀一本自選的傳記。	在閱讀日誌中，記錄你的進展。
	完成電腦站的綠色任務，來練習分數加法。	如果你卡關了，請找老師或同學幫忙。
	完成科學新聞報的研究調查，主題是火山出現的成因。撰寫文章；請擔任編輯的同學與你一起審查，並進行必要的修改。	注意你的標點符號和拼字！不要讓他們影響你在組織想法方面的優勢。
	進行至少兩輪的拼寫競賽。	

當學生依學習程序單進行工作時，老師就可以自由地在個別學生之間走動、指導和檢視他們的理解和進展。老師也可以利用這段時間集合小組學生，進行特定的概念或技能的學習指導或直接教學。學習程序也可只當作家庭作業、當作課堂作業與家庭作業、或是當作學生完成指定課堂作業時的錨式活動。

五年級（各項學科）：學習程序

每天早上當學生進教室，放好外套和書，向同學和Clayter老師問好，接著就到盒子拿自己的學習程序文件夾。早上老師宣布事項之後，每個學生須完成每日計畫日誌，其中包含了學生完成當日清單任務的目標。需要教師援助的學生可以在裝有清單文件夾盒子上方的板子上，寫上會議請求，然後學生就到教室的各個部分開始進行任務。

許多學生單獨進行閱讀、寫作、

算數或獨立調查。在教室各處，學生通常三三兩兩聚集在地毯上，完成協作任務。

在Clayter老師巡視並確保每個人都專注有秩序地開始工作之後，她呼叫三名男孩和她坐在書架附近的地板上。接下來的幾分鐘，她談論他們前一天完成的關於火山的電腦動畫。她認為他們的動畫真的令人印象深刻，他們也同意，然後老師要求男孩們檢查他們寫下來的任務目標，其中一個目標寫著：觀看動畫的人都會清楚了解什麼使火山爆發。在老師的引導下，男孩們同意他們動畫的文字說明和解釋沒有符合這個目標。她留下他們在原地撰寫計畫，內容得確保他們的作品符合所有目標，這份計畫須交給老師看。

然後，Clayter老師轉移到一對正在共同寫詩的學生。她將這兩位學生配對，他們學習程序的一部分是合作寫詩，因為她們都有重要的東西可以教對方。Jenna非常有想像力，並且能用如畫筆般的語言為讀者創造意象，但是在修飾作品方面卻缺乏堅持。Han較缺乏想像力，一部分是因為英語是她的第二語言。她二年級時搬到美國。另一方面，Han對詩歌的熱愛如電流般強大，而且她對工作非常有道德感。兩個女孩喜歡一起工作，Clayter老師知道她們可以補強彼此的寫作。她要她們大聲朗讀最新的作品，提出幾個在詩中她覺得效果很好的地方，然後給她們兩個挑戰，讓她們在剩餘的學習程序時間去思考。

兩個需要額外數學練習的男孩正在解一道謎題，題目要他們選擇並使用適當的運算來解決數學問題。題目本身為基礎程度，但謎題的設計很吸引人。男孩們記下他們解的謎題可獲得「額外加分」，並能夠因此獲得數學偵探的證書和徽章。

如同Clayter老師擬定的學生學習程序，她有四個目標：發展出能使學習成果聚焦在一個或多個核心內容領域的學習，以長處為基礎，輔助不足之處，並培養獨立。因此，每個學生的學習程序，皆包含了這些領域的學習。在二至三週的學習程序週期中，所有學生皆有可能在數個學科領域學習——每個案例都有練習，應用關鍵知識的遷移、理解或技能。他們可以做喜歡的部分，有些部分則可省略不做。所有學生皆須設立

和檢查每日和每週的目標。所有人都會單獨學習，也和同儕一起學習。所有人都會與老師會面，在教師及自己的要求下、在學習程序期間、在非正式及正式場合。

Clayter老師發覺學習程序，是處理學生在學習準備度、興趣和學習風格方面差異的好方法。在同一天的某一時刻，她可以延伸和支持學生在所有學科領域的發展。她的學生喜歡學習程序提供的平靜方式，自在地融入學校生活，還有多元性以及自主的感覺。

差異化教學內容：使用學生學習程序，使Clayter老師幾乎可在每個內容都進行差異化。她可以透過不同的材料、學科、學科主題和教師的支持程度，進行內容差異化。她可以透過變化任務的難度以及學生理解概念的方式，來進行路徑或知識建構的差異化。學習程序也允許學習步調的差異。學生可以有不同的時間，來理解特定的技能或概念。在課堂上提供時間讓學生進行長期的專題，老師可從旁監督和指導他們的規劃、研究、思想素質和產出，學習程序因而能促進學習成果的差異化。

差異化教學方式：學習程序使得基於學生準備度、興趣和學習風格的修正，有極大靈活性。Clayter老師可以集合同樣的準備度或混合不同準備度的學生。她可以將在特定領域技能落後的學生，或是將早已精熟基本能力的學生組成團隊。她可以指定個別學生前往對他們有適度挑戰的教材和任務。她可以改變工作條件和模式，依此學生可以探索和表達學習內容。學生可以獨立工作或和他人合作。學習程序也使她能夠開發學生的興趣。學習程序時間提供了一個量身定做的機會，可讓某位學生透過音樂學習分數，另一位學生透過棒球交易卡學習分數；另一位則透過股市報告學習。

差異化教學理由：Clayter老師的教學年資尚淺。她的學生在所有科目中，都表現出不同的興趣和需求。此外，整天都得思考如何修改每個科目的課程和教學，對她而言有些挑戰。使用學習程序使Clayter老師可以在一天中的同一時段專注於進行差異化，並仍能有效處理大量的學生需求。透過學習程序，她發現自己可以達成大部分的差異化目標，而且比起試圖在一天之中在不同科目的課程進行差異化，使用學習程

序使得她的計畫在此時此刻更易達成。

複合式教學法

複合式教學策略回應了教室中，在學術、文化和語言方面的異質化學習（Cohen, 1994; Watanabe, 2012）。其目的在於為所有身處於智能挑戰教材環境下的學生建立公正的學習機會，並進行小組教學。如同那些最有希望的課室教學方法一樣，複合式教學法本身也是複雜的，它需要大量的反思和規劃。然而回報會是巨大的。它有助於建立每個人的貢獻都被所有人珍惜的教室，高階的教學是所有學習者的標準內容。

複合式教學任務的特性：

- 學生需在異質性小組與他人團隊合作；
- 目的在利用組內每位學生智力上的優勢；
- 為開放式；
- 對學生來說任務本身很有趣；
- 允許各種解決方案和解決途徑；
- 包含真實物體；
- 提供多語言的教材和教學（如果班上

學生為多語言族群）；

- 整合閱讀和寫作，使其成為達成理想目標的重要方式；
- 以真實世界的方式來運用多種能力；
- 利用多媒體；以及
- 需要不同的人才，以適當完成任務。

有效的複合式教學任務，**不具備**以下特性：

- 有單一正確的答案；
- 比起團隊合作，認為一個或兩個學生更能有效完成任務；
- 反映出低階的思考；或是
- 需要制式學習的簡單背誦。

當學生學習時，使用複合式教學法的教師會在小組之間走動，向學生提出有關學習的問題、探索他們的想法，並促進其理解。經過一段時間，教師也將逐漸增加授權給學生的學習自主權。然後，他們會支持學生發展善加管理自主權所需的技能。

教師的兩個額外——且重要的——角色是發現學生的智力優勢和「職位的指派」。Cohen（1994）認為，傳統的

合作小組經常失敗，因為學生知道誰「功課好」、誰不好。功課好的人被賦予（或扛起）成功完成小組任務的責任，「功課不好」的人放棄（或被奪走）成功完成與課業相關任務的責任。Cohen談到，這是因為許多學校任務都高度依賴於編碼、解碼、計算和記憶，這些東西在學生和老師心中成為在學校成功的代名詞。

複合式教學法的任務方向為多樣化的智能技能，例如：產生想法、提出深入探索的問題、象徵性地表達想法、使用節奏來解釋或表達想法、假設和規劃。教師持續且系統地研究學生，以察覺個別長處，然後設計運用各項學生能力的複合式教學任務。

「職位的指派」是指，教師會在小組團隊中尋找某位學生（通常不被同儕認為是「成功者」）做出一個有價值的評論或建議時的關鍵時刻。老師向小組說明他聽到這位學生說了什麼，以及為何他覺得這是對整個團隊工作有貢獻。學生們開始用不同的角度看待同儕，他們也開始發展出一個詞彙來說明智力長處的多樣性。最後，向班級介紹複合式教學任務時，老師帶著學生列出成功完成工作所需的所有智能上的任務。這幫助他們了解所有學生都有一些必要的長處，但沒有人擁有全部。

十年級英文課：複合式教學法

在McCleary老師的十年級英語課中，學生們一直在研讀作家的生平和作品如何緊密相連。他們今年已經閱讀了各種類型的文學，也包含詩歌；他們將寫作看成是「鏡子和譬喻」。也就是，他們探討一篇寫作如何比喻一個更大的概念，以及寫作如何成為讀者的鏡子，使他們更了解自己和所處的世界。學生最近完成了一個名為「墊腳石」的寫作作業。作業中，他們繪圖及寫下生活中形塑自己的最重要的事件。

今天McCleary老師的學生，將開始進行複合式教學任務。在接下來的四到五節課，他們會小組合作完成任務，並在額外的一堂課與全班分享他們所學到的內容。這期間的家庭作業也聚焦在小組任務。當一段課程時間結束時，這項任務會是評量學生的一個關鍵要素。McCleary老師給每個小組一張任務卡（見表7.2）。

差異化教學內容：McCleary老師

表7.2
複合式教學任務卡範例

我們最近一直在了解，作家（和我們）的生平為何經常是透過行動和行為——包含寫作——創造的隱喻。我們也看見好的作家是如何為讀者設立一面鏡子，讓讀者能夠反思自己的生活和感受。Robert Frost寫了一首詩叫做「未擇之路」（The Road Not Taken）。你的任務就是分析這首詩，討論它如何譬喻Frost的生命，並反映了我們自己的生活。步驟如下：

1. 找出這首詩，閱讀、詮釋它，並對詩中的內容和意義達成共識。
2. 研究Frost的生平，製作一個「墊腳石」的圖表，類似於本月初你為自己的人生製作的圖表。
3. 開發一段能帶領我們跟隨著Frost的「樹林之旅」的背景音樂。使用音樂；找出聲音；用聲音特效；用適當的手勢動作、身體雕塑、或旁白，幫助你的觀眾了解當「森林中的旅行者」到筆直道路、地標或決策點時，他／她會經歷的感受。你的簡報必須要先寫講稿。
4. 使用文字和圖像在Frost的生活和詩之間創作，代表兩者之間的譬喻關係。
5. 把這首詩中的主要概念遷移到某位名人的生活和經歷中；這位名人我們都可能略知一二，但需要再多了解一些。你的「遷移」必須清楚點出此人與詩之間的關係，並能明確地向同學傳達文學如何幫助我們了解自己。
6. 確認你的最後成果能夠證明：你對隱喻和鏡像的理解、表現出各種藝術形式在傳達人類意義方面有什麼關聯，以及表現你正在探討的人物與詩的細節內容。

跟平常一樣，你們應該指派一個小組召集人、教材監督者、記錄者和時間管理者。決定小組中每個人的最佳角色。請記住，每個人都有貢獻於團隊成功的長處，沒有人擁有所有的優勢。因為時間有限，你應該制定一份書面的工作計畫，包括時間表和小組會議時間。準備好跟大家分享你們小組作品的評量標準（必要元素以及小組認為什麼是高品質簡報）。每一組最多有20分鐘對另一組做簡報；另外加上10分鐘和當觀眾的同學進行問題交流，而你也會當對方的觀眾。

使用複合式教學任務，提供不同程度和語言的書籍，加上影片、音樂、和其他資源，以進行內容差異化教學。她進行差異化教學，也同時確保所有學生都聚焦在相同的關鍵理解。她提供具有多樣化內容的豐富任務，使學生能夠以各種方式理解概念，以此進行路徑差異化。在此課程中，20分鐘的簡報（學習成果）的差異化則在於，學生會「專精於」大型專題的某個面向。

差異化教學方式：McCleary老師使用複合式教學法達到差異化教學的方式如下：以多種形式和來源的教材，達成準備度差異化；以選擇傳記主題達成興趣差異化；以多元智能進行調查和表達，達到學習風格差異化。她盡可能提供多種語言的資源教材和教學，以便英語初學者也能在團體中幫助他人獲得成功。在可能的情況下，她會確認英語初學者與另一名雙語學生（具備英語初學者的第一語言與英語）同組，該生可以作為語言之間的橋梁。因此，英語初學者不會被隔絕於小組的討論和學習之外。

差異化教學理由：這個例子說明了小組一起努力達成個別化學習和選擇

學習表，而不是單打獨鬥。McCleary老師希望具有不同學習準備度、興趣和學習風格的學生，能以尊重每個人的方式團隊合作。因此，她選擇使用異質小組，並盡心盡力在此情境下為個人需求和成功做準備。

分軌研究

Chris Stevenson（1992, 1997）提出，分軌研究是用來處理中階程度學習者之間的共同點和差異性的理想方式。事實上，這個策略顯得容易適用於各種程度的學習者。在分軌研究中，學生一般進行三至六週的獨立調查。他們依據課程的一些面向，「沿著軌道運行」或旋轉。學生自選分軌研究的主題，並跟著教師的指引和教導，在研究主題方面和成為獨立調查員的過程中，發展更多的專業知識。教師可以設計成功的評量標準或指標，將課程目標要求的重要知識、理解和技能融入軌道研究的學習成果。這使得學生能進行他們關心的主題，同時看到他們在課堂學到的東西是如何轉移或連接至課堂外的世界。

分軌研究根據的前提是，所有學

習者在發展和分享知識技能中得到尊嚴。這個策略與童軍的優點臂章制度相似；除了在分軌研究中，學生發展自己的主題，而不是從根源於課程的主題中選擇。Stevenson（2001）建議，可透過學生興趣調查，先列出可能的主題清單，再透過家長和導師的建議（或甚至經由瀏覽線上或是紙本的黃頁）進行擴充。

六年級（各項學科）：分軌研究

漢德中學（Hand Middle School）六年級學生喜歡分軌研究有趣，並能幫助他們獨立的方式。教師們也喜歡分軌研究策略整合課程的方式，讓他們看見學生在擅長和有興趣的領域中學習。

漢德（Hand）中學六年級教師群架設了一個分軌研究網站，向學生及其家長解釋什麼是分軌研究、它為什麼重要、如何運作以及可能的資源。在秋季開學時，每位教師會帶著所有班級的學生一起審視網站，了解分軌研究何時開始，並將網站連結傳送給學生家長。該網站描述了分軌研究的一般特性：

- 分軌研究聚焦的主題與學生興趣和課程某些面向相關。

- 班級重要學習目標，包括關鍵寫作目標，將融入在分軌研究中。

- 學生將進行三至六週的分軌研究。

- 教師會幫助學生訂定一個明確的學習問題、研究計畫、簡報方法，以及有品質簡報的評量標準。

- 成功完成分軌研究還包括在學習日誌中記錄以下內容：研究須花費的時間、使用的資源、透過研究獲得的概念和技能，以及課堂上學到的概念和技能如何用於分軌研究中。此外，學生還必須向至少五位同學做10-20分鐘的簡報，為觀眾提供單頁講義或圖像資料，並使用某種展示或演示工具。學生還必須發展方法，來獲得同儕對內容和簡報的回饋。

這一整年，團隊中的每個老師都會和個人與小組合作，協助他們選擇並聚焦於一個主題、記錄日誌、尋找和使用資源教材（包括印刷、電子、和人力資源），擬定計畫和運用時間、估算成功達成評量標準的進展、進行令人印象深刻的口頭簡報，並精練呈現於講義或圖像資料的關鍵概念。上述部分是在學生

完成任務後有額外的時間，透過小組的小型工作坊完成；或是透過線上計畫會議，使用應用程式讓學生能在教室外與同學合作、跟老師保持聯繫。

所有教師都有責任幫助學生進行規劃、研究、時間管理和成果發表，但他們也擔任符合自己興趣或專業領域的分軌研究顧問。例如：數學老師可能是科幻小說迷，或英語老師可能很懂爵士樂。教師和學生都喜歡教師能分享非其授課領域的興趣和技能。

每位學生會邀請一名教師擔任顧問。 教師一般會接受邀請，除非他們已經擔任太多人的顧問了。在這種情況下，該名老師會建議團隊中的另一名教師。團隊中的所有教師都盡力幫助學生了解分軌研究，如何將他們課堂所學與其才能和興趣領域相聯繫。他們也幫助學生了解分軌研究如何串聯各學科。學生一年內必須完成至少一個成功的分軌研究，但可以進行多個。 由於研究主題為個人化且有趣，並因為教師的支援很豐富，多數學生在一整年都會持續進行分軌研究。

我們來看學生正在做什麼：

- Takisha正在進行一個美國無名英雄和女英雄的數位「會說話的壁畫」研究；這個計畫將她對藝術和肖像的熱愛與美國歷史研究連結在一起。她正在研究影響美國的不同種族和年齡的無名男女英雄，她的壁畫反映出這一研究。她對戲劇的才能促使她去寫一個劇本，然後自己錄製數位壁畫的配音。

- Semaj正在建造火箭，這計畫促使他去擴展他對科學和數學的知識。這也給他在過程中動手做的機會，他認為這在學校中並不常見。

- Jake和Ellie正在創作一本融合文學關鍵要素的漫畫。他們正在發展一部科幻小說情節，他們想在學校的文學作品中看到這類作品。

- Lexie正在她家附近的一個公園，進行網球比賽。這種體育課的延伸讓她可以向一位八年級的學生學習，對方自願幫她改善她的發球和擊球。兩位朋友和父親，將這些課程錄影起來。在她的研究計畫中，她會比較自己的課程影片和專業運動員的影片（影片由體育老師提供）。最後，她會將研究成果與同樣對網球感興趣的同學分

享。

• 對足球充滿熱情的David正在認識得過世界盃足球賽冠軍的國家，這是他對地理和文化研究的延伸。

• Louis正在研究各國的烹飪，串聯對地理和文化的研究。他認為學習烹飪很重要；當他長大，有自己的公寓時，他可以招待朋友。這段期間，他試著將學到的東西招待家人和朋友，並且正在研發自己的數位食譜。

　　分軌研究的工作多數在家完成。然而，每個學科都會撥出一些時間進行研究和學習相關技能。學生知道完成課堂作業後，他們可以利用額外的時間進行。教師也跟校內的媒體專家和美術老師合作，為家中資源不足的學生提供支持和資源。每個月的第三個星期五，在其中一間教室，學生會進行已完成部分的介紹。同學可以報名參加他們感興趣的簡報，這就像成人在研討會中選場次聽一樣。所有的聽眾都要向報告者提供回饋。不參加簡報的學生可以進行自己的專題、補上錯過的課堂作業，或者利用時間找同伴協助自己的專題。

　　四個六年級教室都有特別安排給分軌研究簡報用的區域，其他區域則設置供個人或兩人小組從事靜態學習用。如果有學生待在工作區卻沒有該課堂的學習計畫，老師會提供合適的事情給他做。當幾個分軌研究準備進行簡報時，只有其中兩間教室會被用來進行簡報；另外兩間：一間用於個人或兩人小組工作，另一間則有教師協助學科工作。

　　在閱讀和審查分軌研究簡報後，教師小組會彼此分享簡報摘要。教師團隊通力合作，將學生在分軌研究中學到的東西與課堂上持續學習的內容串聯起來。當老師錯過——或者有時候還沒發現——學生經常提醒他們連結所在。許多分軌研究簡報會錄影留存，如此一來後面幾年的學生可以用來發想概念或當作範本參考。

　　差異化教學內容：分軌研究可以進行內容（因為學生選擇自己的主題和研究題材）、路徑（因為學生發展自己的學習計畫）和學習成果（因為學生有很多選擇來表達他們的學習）的差異化教學。在分軌研究中，內容、路徑和學習成果的差異化，出自學生的選擇而非教師的選擇。然而，教師在指導學生成功地理解、準備和做簡報方面，以及在

確保學生在其分軌研究工作中能應用基本學習目標方面，扮演積極的角色。

差異化教學方式：分軌研究聚焦於學生興趣（因為可以選擇主題和表達學習內容的方式）和學習風格（因為有機會決定工作條件和／或偏好的智能）的差異化。同樣，老師在監督學生的選擇和進展，以及輔導高品質成果產出方面，扮演關鍵角色。

差異化教學理由：學校和學習過程可以賦予學生活力，當學習屬於他們，並且他們可以在喜歡做的事當中發光發熱。分軌研究允許學生在要學什麼、如何分享學到的東西、如何將重要的概念和技能從課堂轉移到其他領域等方面執行選擇權。分軌研究也提供老師系統的方法，來幫助年少的學習者在學習中變得更加獨立。

．．．

無論是專業還是業餘工匠都提醒我們，為工作選擇正確的工具，成果即會產生巨大的不同。同樣地，在課堂上選擇正確的教學策略會影響教師能提供給學生的學習體驗的品質。教學策略要能與課程要求和學習者的需求相配合，

並了解教學目標是區分內容、路徑或學習成果，這方面很重要。教師要知道何時回應學習者的準備度、興趣或學習方法才有意義，並且了解為什麼特定方法對特定學生的學習有益處，這些也很重要。

第8章

更多支持差異化的教學策略

我喜歡這門課，因為課堂上總是進行著不同的事情。我在上其他課程時，就像每天中午都配花生醬一樣單調。而這門課的老師，就像真的懂得如何烹飪。就像她在經營一家很棒的餐廳，有豐盛的菜單和其他一切。

——一位七年級生在課程評鑑寫下的評論

有許多策略請求教師關注小組和個人的需求，而不是彷彿所有的學習者都具備同樣的學習準備度、興趣和學習方式去進行教學。在第七章中，我們檢視了分站教學法、學習程序、複合式教學法和分軌研究，以作為輔助差異化教學的工具。本章中，我們會詳細檢視學習角、起始點、分階活動、學習契約，以及智力三元。我們還會更簡要地看待小組教學、濃縮課程、活動選擇板和拼圖式教學——這些皆是有用的教學策略，若教師想要聚焦於班上成員在探索某一單元或研究主題時的個人或小組需求。

學習角

教師已運用學習角多年，或許是因為這個策略足夠靈活以滿足各種的學習需求。學習角與分站不同之處在於

學習角各自不同；分站間須相互呼應，學習角則不用。 例如：老師可以設立科學角、寫作角和藝文角。但學生不需要為了熟練一個主題或一組技巧，而前往全部的學習角。想想第七章中，用來說明分站教學的數學課程。所有學生在分站之間巡迴，為了勝任各項數學概念和技能。分站間的串聯方式和學習角不同。

不同教師運用學習角的方式不同；因此，他們對學習角的定義也不同。兩種學習角特別有助於進行差異化教學：知識角和興趣角。本章節提供這兩類學習角的定義及設立指引；教師可自由修正本書的提議，以符合自己和學生的需求。

根據我的定義，**知識角**是教室中的一個區域，包含了一系列活動或教材，目的在教授、提供練習、或延伸學生的知識、技能、或理解。**興趣角**則旨在激勵學生探索其特別感興趣的主題。一般來說，學習角應具備以下特性：

- 聚焦於重要、明確的學習目標；
- 包含能提升個別學生朝學習目標成長的教材；
- 使用的教材和活動能滿足各種的閱讀程度、學習風格和學生興趣；
- 包含的活動類型從簡單到複雜、從具體到抽象、從結構化到開放式；
- 為學生提供明確的方向；
- 若學生需要協助，則提供指引使其了解工作內容；
- 包含當學生完成學習角作業時，該做什麼的指示；
- 使用記錄保存系統來監督學生在學習角的工作，以及他們作品的質量水平；以及
- 使用形成性評量來引導學習角任務的發展和學生適當任務的分配。

知識角的教材和任務通常由教師構建，儘管教師當然可以鼓勵學生分享他們在某些學習角對學習內容或學習方式的設計。教材和任務可以聚焦於特定知識、理解、或技能的精熟或延伸。

二年級&三年級（各項學科）：恐龍角

Hooper老師教的是二年級和三年級的混齡班級。如同多數同齡小孩，這些幼齡學習者對恐龍著迷。Hooper老師想要鼓勵他們天生的好奇心，但她也

想利用恐龍研究，來幫助學生理解如模式、分類、適應和變化等的科學概念。

有時在恐龍的科學研究中，全班一起聽故事或觀看關於恐龍的影片，以科學家的角度談論恐龍圖片或骨架告訴他們的訊息，或是在恐龍分類圖上分類恐龍。Hooper老師運用科學角來確認學生的關鍵理解和技能，有個人運用的機會。接下來的幾星期裡，所有學生都將到知識角，像古生物學家一樣分析各種恐龍文物。學生將研究恐龍如何適應環境，這是學習角工作的一部分。然而，在這樣的混齡班級，學生在思想和閱讀能力的熟練度方面差異很大。他們對恐龍的背景知識和興趣也各不相同。

科學知識角有：塑膠恐龍；恐龍圖片；骨頭、牙齒、皮膚和腳印的化石；恐龍骨架的複製品；幾本書；和一些恐龍輪廓的著色本。這裡還有各種藝術教材和書寫工具。說明寫在卡片上，並記錄在一臺小型數位錄音機上。當學生看到他們的名字出現在「今日古生物學家」的圖表上時，他們就知道自己被分配到學習角。

Hooper老師在學習角放置了書面和數位錄音的說明，以引導學生學習。

學習內容包括了需要檢查和觀察恐龍文物。在科學知識角，所有學生都將會運用模式的概念、分類和預測的技能，並了解到研究自然界的模式有助於我們做出正確的預測。學生將在兩個星期內，多次分配到這個學習角學習。當學習角沒人使用而他們有自由支配時間時，他們也可以去。頭兩週學習基本任務的學生稍後，則會進行進階程度學生之前已完成的任務。

今天的古生物學家中有將要滿9歲的Gina，和才7歲的Jordan。他們的閱讀能力都不好，在這一部分，他們需要結構性強的學習任務。他們的文物盒中有兩種恐龍牙齒模型和三隻不同種類的塑膠恐龍。他們要檢查牙齒來預測動物的飲食習慣，然後研究三隻塑膠恐龍的腿、頸和手部，並預測他們的特徵（見圖8.1）。最後，他們要從學習角選擇另一隻恐龍模型，藉由檢查特徵來進行預測。他們可以選用數位錄音機，來協助引導他們閱讀文字。此外，為了提供他們更多支援，Hooper老師分配Gina和Jordan一起工作。

另外一天，還有8歲的Mishea和才6歲的Carla正在進行類似的工作，

圖8.1
結構性較強的科學知識角任務：恐龍學習單

1. 這隻綠色恐龍是稜齒龍（Hypsilaphodon）。

它有＿＿＿（長／短）脖子。

這對於＿＿＿（吃高大樹木的樹葉／吃矮灌木）很方便。

它有＿＿＿（又長又細／又短又粗壯）的腿。

可以用來＿＿＿（慢慢走／快快跑）。

這隻恐龍用＿＿＿（爪子／尖刺／快跑／棒槌尾巴）來保護自己。

它的長尾巴用來＿＿＿（游泳／保持平衡）。

2. 這隻灰色恐龍是三角龍（Triceratops）。

它有＿＿＿（長／短）脖子、尖牙和鳥嘴。

這對於＿＿＿（吃高大樹木的嫩葉／吃粗硬矮植物）很方便。

它有＿＿＿（又短又粗壯／又長又細）的腿。

可以用來＿＿＿（慢慢走／快快跑）。

這隻恐龍用＿＿＿（快跑／爪子／角／棒槌尾巴）來保護自己。

3. 這隻棕色恐龍是板頭龍（Euoplocephalus）。

它的腿適合用來＿＿＿（快跑／走路）。

它有鳥嘴，這表示它適合吃＿＿＿（植物／動物）。

這隻恐龍用＿＿＿（快跑／棒槌尾巴／盔甲／背刺）來保護自己。

4. 挑選另一隻恐龍，說說它的特性，你也可以將它畫出來。

130

Hooper老師任務設計旨在回應他們進階的閱讀能力和分類技能，以及他們對恐龍的大量知識。同樣地，在數位錄音機裡有學習指引。他們的文物箱內有骨架、骨頭和牙齒的化石，以及一些有名稱的恐龍照片。像Gina和Jordan這類學生，必須使用這些文物來預測恐龍的適應行為。他們的任務表（見圖8.2）要求他們「像古生物學家一樣思考」，這反映出此任務的複雜性較高及結構性較低。

除科學知識角外，Hooper老師的課堂還有兩個技能型知識角和一個興趣角。學生在其中一個知識角學習數學技能，有電腦軟體監督他們的進度，需要時提供幫助，並且當學生準備好時升級任務難度。這個軟體對於那些需要「倒退學習」以掌握數學技能，並運用以前學過思考的學生特別有用，而軟體也提供現在數學技能的練習。當學生展現出對當前技能的精熟，他們會使用另一個軟體，內含越來越複雜的問題，以挑戰學生去應用和延伸他們在各項數學領域學到的內容。

在語文角，學生運用視覺圖像和訊息文本來尋找主要概念和輔助細節。

現在，班上的閱讀聚焦在恐龍，學生利用文本結構來延伸他們對於主題的認識，這也是他們感到興奮將一起學習的主題。Hooper老師利用紙本和網路資源，搭配不同程度的文本難度，以滿足學生各種的閱讀程度。她也納入其他語言的資源，以支持母語非英語的學生。

恐龍興趣角鼓勵學生加深、加廣與自選的正式研究主題相關的知識理解。學生可以在自由支配時間報名去學習角，但不在規定之內。他們也可以選擇單獨或與夥伴一起工作。Hooper老師在興趣角設計了幾項任務，這裡也有各式各樣的藝術、書面和影片教材，對完成任務很有幫助。本週在興趣角公布的任務有：

- 比較蜥蜴和恐龍的相似處，畫一張比較圖，附上文字說明。
- 閱讀與中國龍和很像恐龍的神話生物有關的題材，在我們的科學部落格上跟同學分享你的所學。
- 用黏土和塑膠骨頭製作恐龍骨架，以展示恐龍如何適應其環境。
- 找出科學家認為可能導致恐龍滅絕的三件事，製作海報跟班上分享這三件

圖8.2

結構性較弱的科學知識角作業：我會從古生物學家角度思考

恐龍	腿部	尾巴	牙齒	其他特徵
稜齒龍 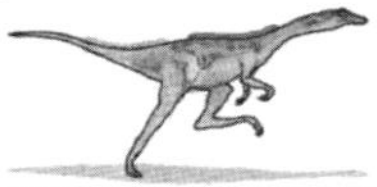	種類 功能	種類 功能	種類 功能	種類 功能
三角龍 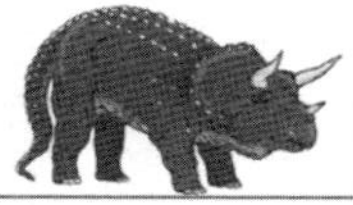	種類 功能	種類 功能	種類 功能	種類 功能
板頭龍 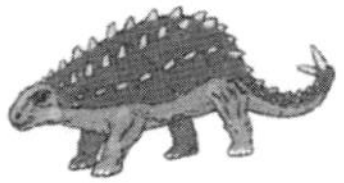	種類 功能	種類 功能	種類 功能	種類 功能
暴龍 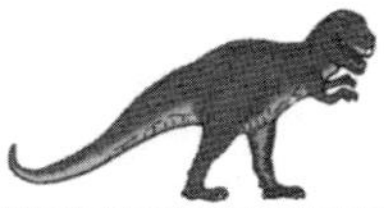	種類 功能	種類 功能	種類 功能	種類 功能
劍龍 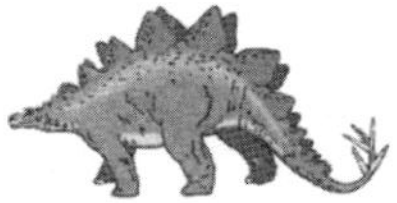	種類 功能	種類 功能	種類 功能	種類 功能
自選恐龍（附上名字）	種類 功能	種類 功能	種類 功能	種類 功能

事。

- 了解恐龍親戚，也就是現代爬蟲類的相關訊息。製作圖畫或模型比較爬蟲類與恐龍，用文字說明來點出相似之處。

- 為古生物學家撰寫工作說明，解釋他們的工作內容和受訓內容。

　　學生還可以填寫「我想知道」的計畫表格來設計自己的任務，然後交給老師看（見圖8.3）。

　　差異化教學內容：在知識角，Hooper老師進行教材（一部分學習內容）差異化，同時確認所有學生都有練習基本的概念和技能。她提供各種難度的活動，以進行過程差異化。在興趣角，Hooper老師讓學生選擇學習內容，以進行內容差異化。她變化學生學習方式，進行過程差異化。她提供學生選擇不同展現自己的學習方式，以進行成果差異化。

　　差異化教學方式：運用知識角，讓Hooper老師可以依學生學習準備度進行差異化教學；她變化學習資源和任務的難度，以配合學生的起始點。興趣角聚焦於多樣化的學生興趣，學生在此

也可以計畫自己的學習。在知識角和興趣角，老師可以透過下列方式照顧到學生學習風格的差異：讓學生單獨或與同伴一起工作、提供視覺和聽覺說明，以及提供資源輔助學生動覺、視覺、空間和語言專長。

　　差異化理由：在混齡小學教室中，學習準備度、背景知識、興趣和學習風格的差異顯而易見，儘管不一定依照年齡或年級產生差異。學生透過團隊合作、獨立工作和小組合作，老師不但創造團隊學習經驗，同時也照顧到個人需求。有時讓學生在不同時間點到同一個學習角工作，這使得Hooper老師的規劃更容易達成，她也有效地提高了學生的成長。此外，在使用學習角方面，學生和教師的選擇也是平衡的。老師設計知識角的主要學習任務，但學生可以選擇何時回到學習角。他們從興趣角開始參與。

起始點

　　Howard Gardner（1993）在了解學生在其智力偏好和優勢上差異很大這一方面，貢獻良多。透過他對不同學習方

圖8.3

學生自訂的網路學習角任務範本：我想知道

我的問題／主題是 ____

____

____

____

為了了解問題／主題，我會 ______________________

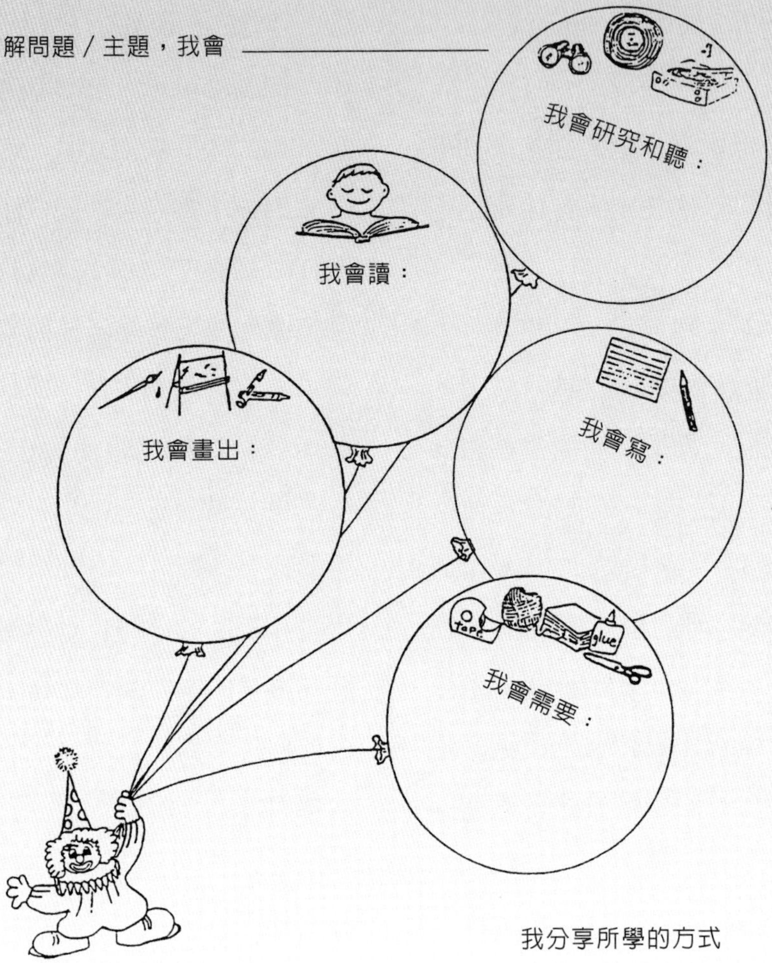
我會研究和聽：
我會讀：
我會畫出：
我會寫：
tape
glue
我會需要：

我的完成日期 ______________________

我分享所學的方式

____

____

____

法的持續研究，他幫助教育工作者了解到，例如：一個空間感強的孩子願意接受訊息、解決問題，以及表達學習的方式與一個有語言優勢的孩子是不同的。儘管Gardner清楚，智能間是相互關聯的，而且所有人在日常生活中使用各種不同的智能，但他也相信智能間存在重要差異，並且認為要照顧學生的差異性，學習者可因此促進其學習。教師在規劃和執行教學時，可以藉由接納和考慮這些差異來支持學習。

Gardner（1991, 1993）將「起始點」或「學習路徑」，描述成處理不同智能偏好的策略。他提出學生應透過以下不同的起始點，探索指定的主題：

- **敘述的起始點**：針對研究主題或概念發表故事或敘述。
- **邏輯數量的起始點**：使用數字或演繹／科學的方法來研究主題或問題。
- **基礎的起始點**：檢視構成研究主題或概念基底的原理和字彙。
- **美學的起始點**：聚焦於研究主題或概念的感官特質。
- **經驗的起始點**：利用實作方法讓學生直接處理研究主題或概念相關的教材，這些教材也與學生的個人經驗相關。

七年級歷史：進入中古時期的起始點

Boutchard老師和她七年級學生即將開始探索歐洲的中古時期，她已決定讓學生透過研究教堂來認識當時的文化和思想。中古時期的教堂是該時期的典範，甚至可說是種隱喻。她相信如果學生能理解用來建築教堂的技術、當時作為建築師的意義、所獲得的原料，明白那時的職業體系如何支持這些美妙建築的工藝及建造，並了解突顯它們重要性的信仰，那麼學生將對那個時代和人民有更深入的理解。

Boutchard老師要全班學生討論當他們聽到「中古時期」這個詞彙時，腦海出現的想法，讓他們有機會連結之前的理解與接下來的學習。這給老師機會以較非正式的方式知道，學生對於這時期的理解程度與知識的深度。

接下來，她準備五個起始點調查選單，讓每位學生任選一個認領（參考表8.1總覽）。學生可選擇獨自工作或者四人小組合作。老師也設計了每項調查的作業單，包含指定的成就指標。

表8.1
起始點調查選單概述

起始點	專題名稱	作業內容
敘述的	教堂說故事	利用老師提供的故事或者找其他情節裡，包含教堂特色的故事（教堂最好是幾乎等同一個角色的地位）。根據故事中的訊息（而非根據字典或百科全書）製作教堂相關的詞彙表，透過畫畫和書寫相關的解釋，展現作者如何利用教堂來幫故事成形。利用教堂作為故事中的主要角色，來書寫或口說一段自己的故事或傳奇。
邏輯數量的	傳世之寶建築師	利用老師建議的資源或其他你自己找到的材料，做出教堂的模型，以展現教堂的主要特色以及當時建築師用來建造的工程知識與技能。你必須思考、比較與中古時期的工程師和現代工程師，所擁有的知識及技能之間的差異。
基礎的	凡事都有意義在	教堂充滿了象徵。找出方法表現並解釋教堂的平面圖、藝術、裝飾和其他要素，以幫助我們理解中古時期人們建造並在教堂中敬拜的信仰。老師已提供一些資源作為起點，你們也可能會想要再找其他的資源。
美學的	情人眼裡出西施	利用老師建議的資源或其他你自己找到的材料，找出方法表現出教堂的建築、藝術及音樂，如何傳達中古時期人民所公認的美及其原因。你可以比較他們與我們現代對於美的信念。
經驗的	你「專屬的教堂」	大多數人會擁有一個「較特別的地方」，可以休息、思考、驚嘆或感到平靜。這樣的地方其中有些是建築師和工程師建造出敬拜神明的地方，有些則是簡樸的地方，對我們的生命有特殊的意義。利用老師提供的教堂要素清單以及資源，找出方法表現一個或數個專屬於你／你們自己的「教堂」，讓同學能看出你所選擇的「教堂」和中古時期教堂重點相似部分。

一旦起始點調查完成，Boutchard老師就會根據學生作品，進行接下來教學單元的設計。

差異化內容：Boutchard老師藉由提供各組不同的研究資料支持不同的閱讀精熟度，來進行內容的差異化。她藉由提供不同的思考教堂的方法，進行學習路徑的差異化。學生所創作出來的成果，將顯現出他們以不同的方式所做的學習。而所有學生都一致的部分是：他們需要思考教堂是什麼，以及它如何反映出它所代表的時代以及人們。

差異化方法：興趣與學習風格是差異化教學的重點。學生可以選擇他們最感興趣的調查，專精於某個智能偏向，選擇工作條件，並且在如何表達他們所學的方法上做許多選擇。教師藉由一開始就提供各種閱讀程度的資源教材，支援以學習準備度為本的差異化教學。

差異化原因：Boutchard老師透過各種智能及興趣的管道介紹研究主題的方式，去了解學生的優勢以及先備經驗。她這樣的作法讓不同學習風格及興趣的學生，對同一個主題有了更強的學習動機、更多的成功機會以及更深入的理解。儘管有不同的學習模式，每位學生都從起始點調查中認識中古時期和當時的人民，這將幫助他們連結並理解單元其他部分的事實、概念及原則。

分階活動

如果老師想要確認不同精熟度的學生，理解相同的重要概念及使用相同的關鍵知識和技能，那麼分階活動會是有用的辦法。換句話說，分階是以準備度為基礎的差異化策略。像是閱讀或對抽象思考有困難的學生，必須理解一篇文章或故事中的關鍵概念和原則；而在同一學科程度已超過年級標準的學生，在學習同一個關鍵概念時，需要有真正的挑戰。齊一式的活動不可能幫助到學習困難或達到年級水準的學生理解重要概念，也不能延伸他們對於該領域關鍵知識及技能的理解。

使用分階活動使所有學生能夠聚焦在關鍵知識、理解及技能，但在複雜度、抽象度、開放式結果及獨立程度上會有所不同。教師設計學習活動的焦點是相同的，但卻提供不同難度的學習路徑，這樣一來可以大為提升每個學生都

學到關鍵技能和理解的可能性，而且所有學生都接收到適度的學習挑戰。

以下是發展分層活動的步驟（請參考圖8.4）：

1. 選擇所有學習者活動聚焦的知識、理解（概念或總則）以及技能，這些是教師所知最能幫助學生建構意義的要素。

2. 考量到你設計活動的對象——學生。使用與接下來的單元相關的形成性評量（例如：反思卡、札記、回家功課、課堂活動）來幫你理解學生對該主題的準備度範圍，再加上你對學生特定的優勢、學習方法及興趣的認識，這並不一定要是指參與的過程，不妨將它視為持續的形成性評量的結果以及對學生非正式的研究。

3. 設計一個活動，或者沿用你過去曾經用過效果很好的活動；它應該要是有趣的，需要學生做高層次的思考，並且清楚聚焦在能讓學生使用關鍵技能、理解重要概念的要素。雖然你可能由任一切入點開始計畫，但最好還是先從設計一個進階的任務開始。教出卓越比一開始只用較基礎的任務來

教授學生，然後再做調整，更能造福更多的學生。當你先設計了一項給進階學生的作業，然後再以不同程度的鷹架做出其他版本以支持其他學生，你更能提供所有學生豐富的、複雜的學習經驗，讓學生更能專注於意義生成及理解。

4. 以階梯圖圖解活動的複雜度。想像或者動手畫個梯子；最上階代表對學習主題具有非常高的技能和高複雜度理解的學生，而最下階代表對學習主題具備非常低的技能和低複雜度理解的學生。你的課程會在梯子的哪個位置呢？它真的會延伸那些最高階能力學生的學習嗎？它有可能讓那些符合年段標準的學生，或能力和理解目前在比較基礎級的學生覺得挑戰嗎？一旦你想像出這樣的梯子，你就能夠看出誰需要這學習單元的新版本。我要再次強調，教出卓越是分階最好的方法。

5. 沿著這個階梯複製活動，提供不同難度、不同版本給學生。至於版本的數量則視需求而定。有時兩個版本就可以，有時候三個、四個、或者五個版本會更有效地照顧到更多的學習者。

圖8.4

發展分階活動

① 選擇適當的活動圖表
　・概念
　・技能
　・概論／理解

　　對於建立起意義的
　　架構是重要的

② 考量學生狀況或使用評量
　・學習準備度範圍
　・興趣
　・學習風格
　・天分
　　　　　　　・技能
　　　　　　　・閱讀
　　　　　　　・思考
　　　　　　　・訊息
　　　　　　　・語言

③ 設計一個這樣的活動：
　・是有趣的
　・是高階的
　・讓學生用關鍵技能理解關鍵概念
　・讓你得以教出卓越

④ 以階梯圖
　圖解活動
　的複雜度 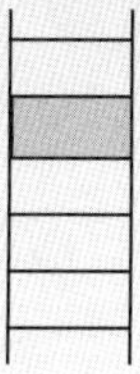
　　　　　高技能或
　　　　　高複雜度

　　　　　低技能或
　　　　　低複雜度

⑤ 依照階梯圖的需求複製活動，確保學生學習中的挑戰及成功，並用下
　列標準衡量：
　・教材：從基礎到進階
　・表達方式：從熟悉到不熟悉
　・經驗模式：從個人經驗到其他經驗
　・調節器*

⑥ 依照學生的學習風格與任務要求，將任務與學生配對。

* 參考附錄，第180-190頁

形成性評量應該揭示學生的需求模式，以引導你決定在特定日子所施行的特定任務宜適合分層活動的數量是多少。當你變化學生使用的教材，從最基礎的版本到即使對最高階的學生都有挑戰的版本，還有當你允許學生用他們非常熟悉到不熟悉的方式表達他們所學會的，學習版本的複製就此發生。

當你想發展出從與學生經驗密切相關到遠離個人經驗的各種應用，學習活動的複製也隨之出現（參照附錄中關於「調節器」的討論，該討論對於思考複製過程相當有幫助）。

6. 依據學生需求及任務要求，將任務的版本與每位學生配對。這作法的目標，在於將學生的準備度與任務的難度及步調配對。該目標應稍微伸展學生的能力，以超越他們的舒適圈，並且提供必要的協助讓學生能在新階段挑戰成功。

八年級自然科學：臭氧層的分層活動

Lightner老師的八年級學生正在研究大氣層。他們已經做過課堂討論、讀了課本教材、看過影片，並且完成了一項全班活動。所有學生都必須理解什麼是臭氧層，以及它為什麼在大氣層中是重要的。Lightner老師希望每位學生對於這主題都能奠定好基礎，做好準備以理解其額外知識。

為了發展一項具挑戰性的分階活動，Lightner老師查閱了她最近對學生理解施作的評量，並且考量她對學生閱讀能力及思考風格的認識。基於她對學生需求的感知，她「複製」了一個她先前做過的臭氧層的活動，而且她還將不同的版本與學生個別配對。這個新的分階活動的四個版本，皆包含共同的核心要素：

• 所有學生都必須完成一些個別的和小組的任務。

• 所有學生都會收到一包紙本教材，內容包括臭氧層是什麼、它的功能為何以及它為何重要。不同的包裹內含不同的閱讀程度，從年段程度以下到大學程度的可讀性都含括。

• 所有學生都被要求針對教材包裡的關鍵訊息做筆記。Lightner老師給某些學生一份筆記表格以引導他們的作業，至於其他人她只要他們把表單上

的重要概念仔細做筆記。她監控所有的筆記是否清晰與完整。

• 所有學生使用網路拓展他們對臭氧層重要性的理解。Lightner老師介紹學生複雜度不同的網站：有些提供基本訊息，有些是專業人士使用，有些介於兩者之間，有些提供比較多圖表或照片或者口頭敘述，還有些則是西班牙文網站，因為她班上一部分學生的第一語言是西班牙文。此外，她鼓勵班上學生找其他有用的網站，並且透過一個班網上指定的公布欄與同學分享。所有學生都被期待能恰當地引用來源，並且記下他們從網路資源上所學到的東西。

• 為了顯現對於臭氧層及其重要原因的理解，每位學生必須跟一兩位同學完成同樣版本的活動。他們要從網路資源及他們的筆記，應用他們所學到的。

• 所有學生的工作，都有一群重要的觀眾。

例如：Lightner老師要求概念理解上遇到最多困難的那組學生寫一張文宣，宣導臭氧耗竭所造成的健康危機。學生使用押韻的廣告詞、廣告標語及美術來傳達為何他們認為臭氧層重要、它的耗竭如何讓生命陷入危機以及他們該如何採取防範措施。他們設計公共宣導海報會放在校園新聞播報之中，而他們的觀眾層為小學生。

對這一類科學教材閱讀及理解技能稍好一些的組別則是獨立調查，了解同儕對於臭氧的認識及理解。他們使用具專業架構的調查，作為模組來設計、執行、分析及報告自己的調查。Lightner老師指定他們可以提出的問題數量以及可以調查的學生數量，讓這個任務顯得易於管理並且聚焦於關鍵議題上。如同前述的第一組一樣，他們的發現將會用在校園新聞中。他們可以選擇用圖形、分鏡表、或者一系列的圖表來呈現結果。無論他們選擇哪一種格式，他們都必須傳達出他們調查的發現及建議。

第三組的學生在這個領域一般而言符合或稍高於該年段程度，他們將寫出一份立場報告，這一樣會放在校園新聞當中，聚焦於人類活動是否可能對臭氧循環造成負面的影響，而報告中所有觀點都必須以可信的證據支持。

第四組學生必須針對人類是否造成

臭氧破壞的問題做辯論。每位辯士代表一個特定的環境或政治組織，有其特定的一套信念。所有辯士必須反映出他們代表的組織所持的觀點，同時以論證的形式呈現或回應相反的論點。發表時學生一方面提出對臭氧的重要理解，一方面得回應其他學生提出的相反論點。他們要在上校園新聞節目之前，練習好辯論。

差異化內容：Lightner老師藉由提供學生不同閱讀程度的參考資料，並建議不同網站做內容上的差異化。她沒有做差異化的部分，是對臭氧的關鍵理解以及它對生物有何重要性。她針對過程做差異化，包含提供各種學習支持的分量讓學生做筆記，同時學生表達理解方式則具備了複雜度、抽象度及多面向。而她在學習路徑中沒有做差異化的部分，則是所有學生都得使用紙本及網路資源，提取訊息、發展並應用理解，並與同儕分享他們所學到的。

差異化方法：分階的課程單元主要聚焦在學生準備度的差異化。然而教師也可以做興趣或學習風格的差異化教學，方法包括了藉由鼓勵學生用不同方式表達他們學習到的知識，或是分大組或小組學習，讓學生各自學習，提供教材資源的錄音檔，或者改變進行任務的時間。

差異化理由：Lightner老師在設計此分階活動時有兩個主要目標：首先她希望所有學生都能真正理解臭氧是什麼，以及它的存在與否如何影響他們的世界。第二，她希望學生都努力達成並表現出這些理解。這項非常聚焦的學習活動，大幅增加了班上每位學生均能達成這兩個目標的機會；而它附帶得到的好處是，當學生忙著做研究及應用所學時，教師可以自由巡視小組，指導他們閱讀、理解、從事科學寫作、使用網路或者記筆記。

學習契約與類契約策略

使用學習契約與類契約策略有許多方式，但每種方法都含有讓學生可以稍微獨立學習教材的機會，而這教材大部分（但不一定完全）是教師指定的，教師參考形成性評量得到與內容相關的訊息，而內容則納入契約中。學習契約本質上是教師與學生間的協定，給予學生一些自由，讓他們習得教師在某段時間

中認爲重要的特定知識、技能和理解。許多學習契約和其他類契約策略，也提供學生機會去選擇一些必須學會的學習條件，以及／或如何應用或表達關鍵內容。契約的形式可能是學習契約、井字遊戲、學習入場券、賓果遊戲（學生必須完成圖表中連成橫線、直線或斜線的任務）、學習選單、學習程序或其他形式。

　　無論何種形式，契約或類契約策略一般而言：

- 認爲教師的責任在於指出重要內容目標，並確認學生在學習內容時朝向目標前進；
- 認爲學生能肩負部分引導自己學習的責任；
- 標出需要練習或精熟的知識與技能；
- 確保學生能在情境中應用或使用那些技能（換句話說，能使用知識和技能來探索、延伸重要理解）；
- 具體說明學生在契約有效期間必須遵守的學習規範（像是學生的責任、時間限制、回家作業及班級活動參與度）；
- 明訂正向的結果（繼續獨立學習的機

會）以鼓勵學生遵守學習規範，並建立負向後果（教師指定作業並設定學習的參照指標）以防止學生不遵守學習規範；
- 建立完成與作業品質的評量標準；以及
- 包括師生雙方同意契約條件的簽名。

四年級語文：詩學的學習契約

　　Howe老師和她四年級學生正在學詩。在三週的語文課程單元中，學生學習押韻、意象、選字以及感官敍述這些概念。他們將學習以下關鍵原則：

- 詩幫助讀者理解並欣賞世界。
- 詩使用精準的、強而有力的語言。
- 詩幫助讀者看見，並且思考他們周遭的世界。

學生會練習一些技能，像是使用押韻的字詞、闡述意象及想法、創造譬喩以及標點符號練習。

　　Howe有時候對全班介紹詞彙（例如：暗喻、明喻、韻腳），並且讓學生熟悉詩的形式（例如：四行詩、五行詩、俳句、字母詩）。全班也一起研究

詩人的作品，並「驗證」本單元所學的原則。有時所有學生都進行同樣的活動，像是讓大家一起創作明喻來描述教室裡的人、事、物。而有時候他們進行類似的活動如配對練習，把標點符號加進詩裡。在活動中，Howe老師會在她指定的詩上做活動的變化，依照詩的複雜度、標點符號任務，或讓學生練習詮釋詩及加標點符號等技能。

這項與詩有關的學習單元主要部分，是透過學習契約來完成的。Howe老師的學生使用兩種不同的學習契約（參照表8.2及表8.3）。兩種契約在表格的空格中都有類似但不盡相同的標題，都包含學生必須在本單元課程中完成的任務說明，也都鼓勵學生設計他們自己的任務或重複他們特別喜歡的任務，以產生歸屬感及給予回饋。這種學習契約的類別很符合在教室裡，學生完成的學習檔案紀錄。

進行這個單元期間，一週有三次學生會進行契約時間，他們要進行契約格子裡的任務。學生完成工作就在契約上的圈圈和正方形打勾，但是這些符號有額外的用途。對於初次或覺得寫詩或詮釋詩有困難的學生，使用有圈圈的契約

（表8.2）。在詩學方面程度進階的學生，使用有正方形的契約（表8.3）。使用不同符號，讓老師比較容易一眼分辨出兩個版本的契約。只是學生似乎不大關心或沒有意識到兩種不同的代號。

Howe老師以三種方式評量此學習單元契約的部分。首先，她依照學生作品表現評分（也就是作品是否具有目標、穩定地朝目標邁進、遵守工作條件）。第二，教師突擊檢查每位學生表格上的一兩樣功課是否完成。第三，每位學生選擇兩樣作品作為本單元班級電子學習檔案的一部分，然後根據張貼在班上每一種詩的品質檢核表，由學生本人、一位同儕和教師一起評量。學生可以依照同儕及老師的回饋修改作業，之後繳交作業放入學習檔案。學習檔案作品也包括學生對該作品的省思，並可包含與該作品有關的圖片或照片。

這兩項契約都讓學生體驗、練習各種技能的機會，像是研究譬喻及詮釋一首詩，它們也提供學生機會綜合這些技能創作出一首詩。格子裡不同的活動處理學生準備度的差異，比如寫五行詩比寫鑽石詩來得直接；Eve Merriam的「如何吃一首詩」（"How to Eat

表8.2
詩的學習契約

創作押韻輪盤 ○ 可以從你的拼字表開始製作。	**使用你的押韻輪盤** ○ 寫一首模仿Shel Silverstein的詩。	**寫首藏頭詩**[1] ○ 確認這首詩要押頭韻。
寫詩 ○ 寫五行詩（跟另一位寫五行詩的同學，確認你的格式是對的）。	**數位藝術** ○ 拍一段影片，說明一個在班級清單上或你自己想出來的明喻、暗喻或對比。	**書寫自我** ○ 寫一首描述性的詩，來幫助大家了解一件對你而言重要的事。
詮釋 ○ 「如何吃一首詩」。	**名人研究** ○ 使用傳記的心智圖做筆記。	**畫出一首詩** ○ 找出一首我們讀過或你曾讀過的詩，將它畫出來，並寫出你為何這樣畫。
學生選擇1 ○ _____ _____ _____	**學生選擇2** ○ _____ _____ _____	**學生選擇3** ○ _____ _____ _____

---

[1] 藏頭詩：通常指每行詩第一個詞的首字母，可組合成詩或片語。

表8.3
第二種詩的學習契約

創作押韻輪盤 ☐	使用你的押韻輪盤 ☐	寫首藏頭詩 ☐
可以從你的拼字表和字典開始製作。	寫一首詩，主題是關於會讓你發笑或微笑的事物。	確認它押頭韻及狀聲詞。
寫詩 ☐	數位藝術 ☐	書寫自我 ☐
寫一首鑽石詩（跟另一位寫鑽石詩的同學，確認你的格式是對的）。	拍一段影片，說明一個你自己想出來的明喻、暗喻或對比。	寫一首具描述方式、比喻及意象的詩，來幫助大家了解一件對你而言重要的事。
詮釋 ☐ 「抽芽」。	名人研究 ☐ 以有組織的方式做筆記。用你所學來的，寫一首傳記詩。	畫出一首詩 ☐ 挑出一首我們沒讀過但你喜歡的詩，將它畫出來，幫助讀者了解這首詩，並寫出你為何這樣畫。
學生選擇1 ☐ _____ _____ _____	學生選擇2 ☐ _____ _____ _____	學生選擇3 ☐ _____ _____ _____

a Poem」）比Naoshi Koriyama的「抽芽」（"Unfolding Bud"）來得具象，而在兩種契約中學生均須詮釋與詩有關的詩。

教師處理學生準備度不同的另一種方式，則是透過指導語。比如，有圓圈符號的那份契約要求學生讀「如何吃一首詩」、畫出插圖、摘要大意與寫下它的意思，以及思考讀者可以從中學到什麼。而有正方形記號的契約，則要求學生讀「抽芽」、詮釋這首詩，並且解釋它如何幫助讀者理解一個詩人及其作品。學生也必須寫一首類似的、關於詩的詩，或者關於其他主題的詩，並像詩人一樣使用明喻。

Howe老師的學生很興奮能夠自由地、並承擔責任去計畫作品完成的時間點，還可以選擇每天做些什麼，並且決定空白格子裡該填上什麼任務。Howe老師也喜歡契約期間帶給她自由，讓她可以個別指導學生，讓她特別注意一些詩的學習或學生功課其他部分的問題。

差異化內容：契約讓老師對學習內容做差異化教學（像是寫作或是詮釋各種詩體以及參考資料），以及學習路徑的差異化教學（如不同的指導）；但所有學生還是學習一樣的核心概念及技能。

差異化方法：如同Howe老師所做的，契約可以就學習準備度（如不同的詩、指導、教材）、興趣（如學生自行選擇格子裡的任務），以及學習風格（如學生針對何時及如何進行任務做決定）。

差異化理由：契約可以讓學生在某種複雜度中學詩，而該程度提升了每位學生接受挑戰及成功的機會。此外，平衡全班教學與契約工作分量，完美地融合了教師教學與學生學習。

智力三元

智力三元是以美國心理學家Robert Sternberg（1985, 1988, 1997）提出的理論為基礎，指的是三種「智能」或三種訊息處理模式。他認為所有人類心智都擁有這些模式，並且日常生活中都會使用它們，可是許多人卻偏好或特別擅長其中一兩項而非全部都在行。這三種智能分別是**分析智能**（所謂的「學術智能」，強調從部分到整體，線性的以及程序性的學習）、**實用智能**

147

（指現實世界應用能力的學習，強調知識在真實情境中的應用）、以及**創造智能**（強調具有想像力的問題解決能力、創新，以及以實用的方法跳脫框架思考）。這些智能讓學生學習，並且以他們偏好的方式學習知識，並因此增加成就感（Grigorenko & Sternberg, 1997; Sternberg, Torff, & Grigorenko, 1998）。

在課室使用智力三元通常一開始得先勾勒出學習目標，也就是學習活動應該要幫助學生精熟什麼能力。然後教師設計出一項分析的任務、一項實用的任務及一項創意的任務（或者每個項目都有一些選擇），無論學生選擇什麼任務，這些任務都能帶領學生達成學習目標。如同所有有意義的活動一樣，學生應該要先理解任務、該任務的工作條件、對應的學習目標以及成功的評量標準。智力三元特別適合回應學生學習風格所做的差異化教學，智力三元活動也可以調整來處理學生準備度及興趣方面的需求。

十年級生物：學習人類細胞的三元智能任務

Alvero老師和他生物課的學生已花了一週時間，學習人類細胞的結構及功能。因為他們對這個主題有些背景知識，老師便設計了一項三元智能任務來協助學生反思細胞相互依存的本質。因為要實行這個任務，他要學生認識細胞部位的名稱及功能。學生須了解細胞是彼此相關的部分組成的系統，並且要能分析細胞各部分相互依存的關係及功能，然後以清楚、實用、有趣並新奇的方式發表他們的理解。

他在介紹任務時強調，有時用對自己最自然或實用的方法學習時可以學得最好。他解釋因為學生最能夠判別哪種學習方法對他們最有效，他們可以在全班探索某個重要概念時，從一些選項中選擇一個方法。他也指出每項任務的學習目標都是相同的。

Alvero老師的任務清單（參照表8.4）包括一項分析任務、一項實用任務以及兩項創意任務（一個強調視覺或觸覺創意，而另一項則強調語言創意）。他認為班上有些學生會受其中一項的創意任務吸引。

表8.4
生物課的三元任務

姓名：_____

我們已學了人類細胞的結構及功能。為了探索細胞各部分相互依存的關係，請從下列清單挑選一項任務來完成。

選項1 （分析的）	利用因果關係或者其他你所設計的格式，來示範細胞各部分如何影響其他部分。可使用標籤、標示或其他適合的符號作為提示，以確認任何人在讀完你的作品之後，對細胞如何運作都能有所領悟。
選項2 （實用的）	看看你的周遭或者更大的世界，找出可以跟細胞對比的系統。選出你認為最好的對比（「最好」的意思是指最吻合的、解釋最清楚的、或最具啓發性的）。設計一個讓你同學可以清楚了解的對比，確保他們聽了你的分享之後，會對細胞如何運作有深刻的認識。記住：一定要強調細胞各部位的功能以及其相互依存的關係。
選項3 （創意的－空間的、觸覺的）	用教室裡最不像細胞的東西來描述細胞的結構及功能，要強調各部位之間相互依存的關係。你得仔細挑選素材，以表現出細胞、它的各部分及其相互依存關係中等重要的特質。你的作品必須要讓我們感到驚喜！
選項4 （創意的－語言的）	講一則故事讓我們理解細胞是一個系統，有著相互依賴的角色人物、有可以演出的情節、場景、甚至潛在的衝突。發揮你的想像力以及拿手的說故事本領，幫助我們理解這個神奇系統中各部分相互依存的關係吧！

　　Alvero老師觀察學生學習時，他感到非常驚喜。學生完全專注學習，他們的想法也都清楚抓到該任務的關鍵理解，並且是以相當不同的方法做到。他特別對於選擇比較觸覺型創意任務的學生所做出來的作品感到興趣；這其中有些學生使用小物件來描繪細胞，也有學生使用像是家具那樣巨大的物體來描繪。還有一些選擇這項任務的學生把同學當作細胞模型來解釋它的功能，他們

將細胞部位及同學在班級或學校所扮演的角色做對比。

當學生完成他們的作品，老師接著讓學生以兩種小組模式分享：第一次學生先和另外兩位做一樣任務的學生一起，然後再跟另外兩位做其他任務的學生一起。他發現在第一次小組分享中，學生似乎得到了更深的理解，而在第二回合的分享則有了更廣的理解。一年之後，Alvero老師發現他之前從來沒有學生，能將細胞的組織及功能理解得這樣好、記得如此之久，學生都能將這樣的理解遷移到該課程之後所學習的其他系統中。

差異化內容：在這個課程中，Alvero老師進行學習路徑的差異化，讓他的學生有機會理解細胞各部分以及它們在細胞系統中的交互關係。

差異化方法：在三元智能策略讓學生用不同方式完成學習。因此，這是一項針對學生學習風格偏好所做的差異化策略。

差異化理由：Alvero老師想要讓學生能選擇如何理解、分享細胞系統的知識。由於三種方法都帶來同樣的學習結果，他讓學生自己選擇一個他們認為最有趣的學習結果來完成，而非由老師指定。

學生自在地用他們覺得有趣或有興趣的方式工作，而且他們與選擇相同及不同方式的同儕分享時都會有所獲益。

其他差異化的策略

許多教學與課室經營策略，均希望老師能將學生分成小組學習。雖然全班學生都必須學習所有單元，但有時依照學生的準備度、興趣及學習方式將他們分組，讓老師可以從學生需求來思考教學的變化。這些分組方式應該要能確保所有學生都能有吸引人的、高程度的任務幫助學習，而這些任務必須聚焦在同樣的關鍵內容，也要確保他們時常跟不同的同學一起學習。

以下僅是眾多差異化策略的一部分。你可以在清單上自行增添你喜歡的策略。這份清單會是無窮無盡的，它將隨著我們更專精於營造對學習有回應的課室而不斷加長。事實上，教師自行開發的策略會比從其他地方借用的，還更加適合他們的學生及要教授的內容。

小組教學

處理學生不同的學習需求最有效的策略，就是利用小組教學、練習或討論。如果教師的課室觀察及形成性評量顯示，有些學生在關鍵內容理解方面落後、缺乏先備知識、對內容方向有誤解或者對關鍵內容有較進階的理解，小組教學均能提供簡單又直接的方法再教一次、複習、提供聚焦及接受監控的練習機會、澄清誤解或者延展學生的精進度。小組對於連結關鍵知識、理解以及技能與興趣也有幫助。

與在大班級中學習比起來，有些學生在教師領導的小組當中，學得就是比較好、也能更主動地參與。利用小組教學可以為教師創造出具有參考價值的形成性評量。小組時間不需要過長，但它必須聚焦在某些學生接下來的學習步驟，如此一來學生因為參與小組學習，才能在知識、理解和技能學習更有效率、更進步，同時間其他沒有在小組學習的學生，也必須知道老師忙著處理其他同學時，可以如何自己產出並做有意義的學習，這包括了老師不在時，他們如何得到協助，以及如果整班學習開始

前，他們已完成工作時知道該做什麼。

濃縮課程

濃縮課程（Reis, Burns, & Renzulli, 1992）鼓勵教師在開始新的學習單元或發展技能前，先評量學生。在前測中表現良好的學生（能答對四分之三的題目），不需要一直學習他們已經會的內容。藉由三階段的濃縮課程，教師記錄：(1)學生已經知道的（以及得到此結論的證據）；(2)前測顯示的訊息，指出學生對於該主題或技能不清楚的部分（以及他們將如何學習這些部分的計畫）；(3)規劃的內容，讓學生用他們對主題或技能大致上的了解，學習有意義並具挑戰性的內容。濃縮課程以學生準備度為主開始，以強調學生興趣為終點。

活動選擇板

活動選擇板非常適合處理學生的準備度及興趣方面的差異。教師將不斷更新的作業，放在活動選擇板上固定的袋子當中。教師請學生從某一排挑選要做的作業；教師以學生需求為目標設計作業，同時也給學生選擇的自由。對於年

紀小還不會認字的學生來說，可以用有符號或顏色的卡片來區分。至於比較年長的學生，卡片可以用文字指定任務或教室區域。無論用哪種方式，完整的任務說明必須在學生工作的區域進行，而不是在活動選擇板上。換句話說，活動選擇板只是讓教師方便指引方向。

文學討論小圈圈

文學小圈圈（Daniels, 2002）是以學生為中心討論小說的方法，學生在小組中討論他們正在閱讀的部分。這個策略設計用來提升學生對於文學作品的理解，以發展出理解的策略、文本分析及口語表達的技能，同時也將帶領精彩討論的責任從教師轉移到學生身上。通常學生討論他們所選擇的書，所以各組的選書及討論內容都不相同。每位學生在文學小圈圈都扮演著重要角色（例如：提問者、摘要者、連結者、字彙解析者、文本解析者），這些角色會在這段時間於每個小圈圈裡交換著。學生握著所有角色要求的敘述及討論的參考標準，文學小圈圈的概念很容易應用在任何其他學科領域或者文本類型當中。它具有彈性：教師可以指定文本或讓學生選擇文本（雖然選擇是文學小圈圈最初始設計的重要環節），然後根據學生的興趣及能力等輪流擔任或指定角色。

拼圖式合作學習

拼圖式合作學習（www.jigsaw.org）是一種歷經三個階段的合作學習策略：

1. 教師向學生說明要利用拼圖式合作學習小組來探索主題或概念，接著教師對所有小組下學習指導語與條件，如此一來學生才知道他們該怎麼做才能讓合作學習成功。

2. 學生先在自己原本的小組中檢視進行任務的指示及教材，然後每組一起學習指定的主題面向。每組人數應該要差不多，而指定給每組的任務部分要跟組員數量一樣多。（如果有些組多一個人，則該組同一個主題可以由兩人一起合作。）一旦學生在自己小組中弄清楚了他們的目標及工作，接著就重新分成「專家小組」（或「研究小組」）。在專家小組中，學生使用印刷品、影片或電子資源來研究他們的主題或問題。每個專家小組的成員

最後討論他們學了什麼、所分享訊息以及得到的理解，這樣每個學生都能從其他組員的研究和自己的功課中學習。

3. 專家小組的學生回到各自原本的小組裡，分享他們剛剛在專家小組的夥伴身上所學到的跟研究主題有關的不同面向。以下兩點對實行拼圖式合作學習有所幫助，就是學生會記錄、組織以及反思他們從自己的學習與從同儕的身上所學到的技能。教師可以在最後讓全班一起討論，協助學生形成並強化重要訊息及概念。

拼圖式合作學習依學生的語言或閱讀程度，提供不同的教材來做差異化，並且依照複雜度指定主題。

它可以作興趣的差異化，讓學生選擇他們覺得最相關或最有趣的主題面向，形成專家小組。拼圖式合作學習的工作條件，允許個別和小組合作學習。

* * *

有些教學策略相當有彈性，並且可以處理學習內容與學生需求的差異。比方說，學習契約可以幫助教師處理學生的準備度、興趣或學習風格，這在做學習內容、路徑或成果的差異化是相當實用的。其他策略則具有更加專精的功能，比如概念的獲取最能幫助教師處理尚未理解概念的學生的學習準備度之需求。某些教學策略，像是小組教學或迷你工作坊則是課室主力，它花費教師最少的備課時間，並可以常常使用以幫助學生學習。還有一些像是分軌研究[2]、獨立研究或起始點等，都能偶而使用但卻經常需要教師更多的額外備課時間。教師加班的目的應是為了要開發更廣、更多的策略工具，以便在每一段學習過程中都能使教學更順利，讓學生的學習效果更為提升。

---

[2] 分軌研究（orbital studies）係指大約持續三至六週時間，學生自行選擇與課程相關主題的研究。學生一旦完成研究，則必須對五位同學進行10到20分鐘的發表，並必須為聽眾準備一頁講義。

教師如何發揮差異化的功能

9

章

在學習中的學生會發出各式各樣的聲音，他們交談、測量、努力思考，並且發出副校長不喜歡的噪音。他們的活動也曝露出令人不願面對的真相，像有些學生動作比別人快。只由教師設定進度、整齊劃一的學習步調，已經不再可行。

—— Theodore Sizer《霍瑞斯的學校》（*Horace's School*）

在本章節之前，我們已大部分聚焦在與差異化課程及教學相關的議題，還有評量及教學環境如何支援這兩方面

的成效。構成班級經營的定調、程序及路徑，提供了可以讓其他元素有效果，並有效率運作的脈絡——或者束縛它們及阻撓發揮的脈絡。如果課程及教學是完善教學的核心及分支，那麼班級經驗就是中樞神經系統。沒有核心就沒有生命，但沒有神經系統，就無法發揮作用。本章聚焦在如何做好班級經營以支援差異化教學，畢竟班級經營是差異化教學自然的結果。

學校的形象

所有人都有自己想像的學校圖像。家長根據他們曾在學校待過十幾年

155

的經驗來形塑學校。身為教師的我們則不一樣，我們從自己早期的學校教育經過職業訓練，再經由早年的教學經驗不斷塑造。而學生透過經年累月受教育的過程，創造出他們心中學校的形象。

卡通、電影、電視、網路及書籍，也為學校的形象加油添醋。按照慣例，這些形象主要有一排排的書桌以及一位教師站在一群學生前教書。學生駝著背或在座位上扭來扭去，被動等待教師下達本日的指令；這些形象很少讓我們得以想像——更別提及形塑——會去回應學生各種學習需求的差異化教室風貌。

只可惜沒有必勝的方法讓我們精熟那些常識或大部頭研究專書所提的，對現在學生有效的教學法。雖然本章節無法提供所有的答案，但這裡所提供的概括性指引，盼給所有在尋找思考、設計及領導差異化教學的人，讓他們有更多希望。

第一步

若以學生為中心的差異化教室對你而言是新的概念，那麼這裡有些建議能協助你思考、規劃這樣的差異化課室。這些建議大部分是實用且具體的，因為對於一開始嘗試的人來說必須如此，這當中也包含一些比較具反思性和長期的建議。

檢視你對個別需求的觀點

一位用心實行差異化課室的年輕教師曾反映：「差異化教學並不是一種策略。它是一種思考，關照著你教學可以做到的所有事情以及學生學習的各種樣貌。」她的想法不但正確，而且提供了重要的指引。一開始須聚焦在有效教學與學習的思考上，然後想出你能夠「帶領」（而非「管理」）你的學生一同打造一間課室，以照顧到每個人為目標，而不是一開始就聚焦在如何管理學生上（Tomlinson & Imbeau, 2010）。以下是一開始你可以思考的問題：

- 哪一個對你而言比較有道理：是你在教室裡做大部分的學習工作，還是學生才是主要工作者及思考者？為什麼？
- 哪一個對你來說比較有利？是每個人應該需要一樣的課本、網站、數學習

156

題、美術課或回家功課？還是學生有可能在閱讀、數學、畫畫，還有任何其他學校裡要學的學科，可以顯現出他們不同的準備度？你爲什麼會這麼說？

- 學生似乎都用同樣的方式或同樣的步調學習嗎？還是有些學生跟其他人處理訊息的方法不同、步調也不同？你又怎麼知道？

- 要怎麼做才可以更了解你的學生？是告訴他們要做哪些事，還是跟他們交談？爲什麼？

- 如果學生在教室裡一直被告知該怎麼做，他們有可能成爲獨立的學習者嗎？如果教師有系統逐漸讓學生擔負更多學習的責任，並教導他們如何聰明地運用獨立，他們可能成爲獨立的學習者嗎？爲什麼？

- 學習者會不會在乎他們是否有選擇權可以決定要學什麼以及要如何學？他們會很在乎這點，還是不太在乎？爲什麼會如此？

- 我們怎麼樣才會比較有成長的動力？是當我們嘗試達到自己極限，還是當我們嘗試達成別人設定的極限？你爲什麼這樣認爲？

- 一般而言，你在教小組學生，還是在教個人時，哪個比較有效果、有效能？還是你教授全班的教學成效才會更好？你爲什麼這麼認爲？

- 怎樣的學習才能更加豐富、持久？是靠死背，還是理解意義？你怎麼知道？

- 學生比較可能在哪種情境下學習？是在他們一起協力制定規則及路徑的環境中？還是在他們像棋子一樣，在被操控的環境中學習？你的答案有什麼證據支撐？

　　將你對教學的疑問也列在這份清單上，你會發現上頭應該有數不清的問題。最後，在你計畫及反思自己的教學時，你對自己課室不斷進化的信念將引導你的選擇。了解你自己的信念，也會幫助你面對學生、同事、行政人員及家庭所提出的問題時，可以更自在、有自信地回覆爲什麼你要這樣教。

從小處做起

　　像學生一樣，教師也對挑戰程度有不同的準備度。許多教師以微小但精心策劃的改變，開始差異化教學。

若要開始啟動差異化教學，須先教好全班學生做「定錨活動」，也就是學生要知道怎麼一個人安靜地完成有意義的工作。這可能是寫日誌、自由閱讀、外語句型練習、數學課堂習題、或者用剪貼簿來學習。它對學生而言是實用而重要的活動，讓他們在一學年之中至少有一部分時間規律地做這些事。也許以「非差異化」教學來開始差異化教學似乎有點矛盾，但當你要求所有學生學習完全安靜地做一樣（或多樣）定錨活動時，你是在為未來鋪路，讓學生個人或小組在完成任務同時，其他學生才能繼續做他們愉快的、可預測的定錨活動。

在差異化初期，你可能會請一些學生做定錨活動，同時其他人在做不需要對話或合作的任務。這般作法傳達了一個概念：學生不一定總是都做一樣的工作。你藉此創造出一種鼓勵、聚焦在個人學習的氛圍，也強調學生要關注個人的功課，而非注意其他人在做什麼。

然後可以嘗試在一小段時間內，做一項差異化的任務。比方說，在小學課室中，語文課一開始先讓所有學生做同一個閱讀箱的配對閱讀活動。學生進行了10分鐘針對閱讀準備度所做的配對差異化閱讀後，老師再把所有學生召集到閱讀角一起聽故事，然後全班一起討論。而在中學的歷史課，全班一開始討論並且一起用心智圖來比較兩個時期。在課堂最後10分鐘，老師請學生從兩個主題中擇一寫篇短文，寫在他們的學習日誌或個人日誌上。這些篇章可以是不同複雜程度或兩種不同興趣領域的主題；這些短文可以是不同複雜程度，或兩種不同興趣領域的主題。

像這樣從小處開始，其實是一種「謀定而後動」方式：你為了有成功的差異化教學作經驗，避免一次太多改變而應接不暇；你也一步步教學生在獨立的、以學習者為中心的課室中成功學習。一次要他們應付太多他們還沒準備好的規定和學習過程，並非明智之舉。

慢慢成長 —— 但務必要成長

只要把幾件事做好就會更好。為自己設定目標，並堅守目標，但必須確定你的目標是合理的。就像學生一樣，教師在適度被挑戰的情況下成長得最好。只是等待著理想狀態出現或等著自己有十足把握才會去做，這樣只會停滯不前，那並不會帶來成長。而另一方面，

在你有機會把一切都理清楚之前，就冒然嘗試做太多事，則會帶來挫折及失敗。這裡有一些小小的、卻重要的開始可能對你有效，選其中一兩件事作為你年度的目標。

- 每天用電腦或紙筆記錄你的學生，覺察哪些有效、哪些無效，還有分別是哪些學生覺得有效或無效。
- 在開始教某項技能或主題前，先評量學生。研究前測結果以及此結果對你和學生的意義。
- 將所有學生在做的工作（討論、日誌篇章寫作、學習角、作品、小考、小組任務、家庭作業）視為學生需求的指標，而非成績冊裡的分數。
- 每一學習單元都要用一堂課，來進行差異化教學。
- 每學期針對一樣作品，進行差異化。
- 替課程中幾個關鍵部分找出多樣的資源。比方說，考慮使用幾本不同易讀性的教科書、參考書或網站（從基礎到相當進階的），又或者你和志工花些時間製作影片或錄音帶，用來輔助學生，讓他們進步、成功。
- 建立班級中任務或作品成功的標準，

然後與學生一起討論如何在他們的清單上加上個人的標準。你可以根據自己對學生的優勢或需求的了解，為每位學生加上一至兩項。

- 讓學生對於如何工作、如何表達出自己的學習或回家作業方面，有更多選擇。（一般而言，在一開始，提供有結構性的選擇，效果會最好。）
- 在第一次打成績期間，設計並使用兩天份的學習契約，第二次用四天的契約，第三次則用為期一週的契約。

　　這些只是一部分的差異化教學而已，其背後想法在於承諾自己要有所成長。嘗試一點新的改變、反思你從經驗中學到什麼，然後在下一次將這些收獲應用出來。

事先預想你要施行的差異化教學活動

　　奧運運動員通常在比賽前會靜下心來、閉上雙眼，想像自己完成這項競賽。他們想像自己撐竿跳過、滑雪跳躍、或完成跳水，這方法其實對教師在課室實施差異化也很有幫助。

　　在施作差異化教學那天之前，問問你自己想如何開始這項差異化活動；

你想要它進行時，看起來像什麼樣子，以及它會如何結束。你也同時思考著過程中哪些事情可能會出錯，並且計畫如何防止這些事情發生。自己寫下教學流程，以及你要給學生的指導語。當然你不可能預先看到每一項可能發生的突發事件；但你在第二次預想、做計畫及下達成功的指導語時，會表現得越來越好。尤其是在一開始做差異化時，即興的作法與設計好的作法比起來，前者較不易成功。

向後回顧

當你嘗試在教室做差異化教學時，請確認你也對差異化有進一步的思考。當你做新的嘗試時，請在進行下一步之前，先花一點時間反思。你可以問自己這些問題：

• 哪些學生比先前更專注在學習，而哪些學生卻沒有？你知道為什麼會這樣嗎？

• 你有什麼證據可以證明每位學生已經理解或習得你希望他們從這一課學到的東西？你需要得到更多的證據，才能回答這個問題嗎？

• 你對於這個活動或這一課所做的導論有什麼感受？

• 這個活動或這一課開始進行時，哪些地方與你所期待的相同？它是否與你的期待相悖？它如何與你的期待相悖？當學生開始工作時，什麼部分發揮了作用？什麼部分沒有發揮作用？你的指導語夠清楚嗎？你有沒有說明移動的確切時間（如：移動至學習站、學習角或小組中）？你有沒有點出並強調分配任務執行的確切時間？

• 當活動或一課進行時，學生保持專注的狀況如何？如果在某一點學生專注度不夠，你可以知道原因嗎？如果每個學生從頭到尾都保持專注，你知道為什麼一切可以進行得如此順利呢？小組規模運作如何？有沒有任何學生需要換個位置？你有沒有觀察到任何配對或小組的成效不彰？有沒有學生在小組工作狀況良好，但獨自學習卻狀況不好？學生知道如何監控他們自己的工作嗎？他們知道如何求助嗎？

• 這個活動或課程結束得好嗎？學生是否得到了充分提醒，得以用井然有序的方式停止其工作？他們知道把材料及補充用品放在哪裡嗎？教師有沒有

指定一些學生收拾材料、搬桌椅、或處理其他清潔工作？下一堂課或明天的課是否都已準備就緒？學生是否能自律地移動到下一間教室或進行下一個活動？

• 你在這一課進行時，知道哪些學生在學習嗎？當學生在工作時，你如何與個別的、小組的學生互動？當你在小組間移動時，你蒐集到了哪些有用的資訊？你能做出哪些有效的訓練？你要如何改進自己蒐集資料及訓練學生的方式？

記錄你下次嘗試差異化活動時，想要保留或你想改善的部分。你會從反思中得到的洞見，來做特定的規劃。

長期實施差異化的準備

如果你的教學觀是要關注每一位學生，如果你用有系統及反思的方式建立起差異化課室的規律及程序，那麼差異化會逐漸成為一種生活方式。你不會久久才實行一次差異化。到達那個階段，你需要在你的教學慣例納入至少三件事。

及早並經常與學生談話

你若對差異化教學有了清楚的概念，那麼就和你的學生分享你的想法。要作一位有後設思考習慣的教師：將你的想法吐露在你與學生的對話中。與學生對於學校所抱持的形象相比，你正在改變「規則」。你得讓他們知道原因和作法。以下有些方法可以讓你的學生更為投入，讓他們和你一起建構出樂於回應的課室。

利用活動幫學生意識到他們在學習方法及學習興趣上彼此不同（順帶一提，他們其實早就明白這件事）。依照學生的年紀不同，這個活動要有些許變化。有的教師要學生思考他們要學的一些與學習相關及不相關的技能，然後將他們的優勢及劣勢畫成圖表；有的教師則讓學生以學習者的身分寫下自傳。還有些教師要學生上網找圖片，呈現出他們在學校學習的經驗，並說明他們做此選擇的原因。

比方說有位教幼兒的老師要孩子帶一份調查表回家，要孩子的家人提供孩子會坐起來、走路、跑步、說話、長出第一顆乳牙、掉第一顆乳牙和學會騎

腳踏車的年齡。她幫學生畫出柱狀圖，圖上顯現出這些孩子依循不同的時間表完成這些事。班上學生所做的結論是，我們何時**會**說話不若我們何時**學習**說話來得重要。在那整年當中，她經常帶孩子看那份圖表以提醒他們，比別人早或晚學某個技能都沒有關係。最重要的是：要學會並好好運用那項技能。

無論教師採取哪種方法，都要反思學生所提出的問題及評論，這包括了正向及負向的學校經驗、表現最好及最差的科目，以及有效和無效的學習方法。

讓學生知道他們不同的優勢、需求及學習偏好，對身為教師的你來說是項有趣的挑戰。問他們是否相信你應該聚焦在對個別學生特別有效的方法上，留意如何開發他們各別的優勢，並幫他們改善感到困難的領域。或者，問他們是否相信你可以教得更好。如果你忽略這些差異，並且總是對每個學生做一樣的事。他們極有可能不會選擇讓你忽略他們是誰的那個方法。

不斷與學生討論差異化的課室看起來及運作的模樣。談談你的角色將有何不同。比方說你將在小組及個別學生中教學，而非對整個班級教學。學生的角色也會有所不同：他們將以不同的方式幫助並支持彼此的學習。如此一來，你才能在個別學生及小組中教學。學生將在班級活動中擔負更多的責任，善用時間才能確保每個人都能學習。他們的作業也將有所不同：不是每個人都一直被指派相同的課堂或家庭作業。課室也將看起來不同，會有小組或個別學生在執行不同的任務。學生將會看到更多的活動，並將使用更多的教材。

讓學生協助你建立起對課室學習有效的準則及程序。讓他們幫助你決定如何開始一堂課、如何在多種活動同時進行時下指導語、他們應該如何在你忙碌時求助、他們完成作業時該做什麼、如何在活動進行時全班保持專注以及如何流暢地結束一個活動。這些對話可能發生在學習過程中有需求出現的時候，但這樣的對話在建立與維持成功的學習環境上是相當關鍵的。

持續為學生充能

在課室中總有些角色是只有教師才能擔任的，然而許多教師發現為學生做事比教他們如何為自己做這些事容易。找出你在課室中不需要做的事，並

且慢慢訓練學生如何有效地做這些事。比方說，課室座位需要重新安排時，學生能否有效率地移動桌椅？學生會不會繳交、蒐集資料夾或其他作業？學生在學習週期的某些時間點，會不會以負責且對彼此有幫助的方式相互檢查作業？學生能否學會整理教室？他們能否學會把作業放在指定的位置，而非直接交給你？他們能否正確地記錄何時完成了什麼事？他們能否記錄自己的成績，觀測自己學習表現的進步狀況？他們能否學會設定個人的學習目標，並且根據這些目標評量自己進步與否？只要你教學生怎麼做，這些問題以及許許多多類似問題的答案都會是肯定的。幫助學生精熟這些技能，可以培養出更獨立、擅長思考的學習者，也能因此打造出適合孩童和成人的課室。

不斷分析

課室是個忙碌的地方。教師經常忙著做事，以至於無法好好反思。學習經營差異化的課室就像是學習指揮一個具有規模的管弦樂團，因為這需要許多演奏者、角色、樂器及技能。老練的指揮能立刻聽見、看到許多事物，但他也有

餘暇暫時離開指揮臺，去思考作曲家背後創作的企圖和各音部之間的協調。他們會仔細聆聽排練的錄音，並比較錄音與目標之間的差距。他們能辨別是否需要特別留意某些樂段或做樂段排練。

隨著你的差異化教學推展，你也在充實自己的分析能力。有時候你只需要觀察學生怎麼融入及抽離小組，有時候只觀察目前在本科目進步中的學生。記錄哪些學生選擇圖像的教材，還有哪些學生喜歡四處走動，或有所選擇時總能想出點子的學生。每隔一陣子就做課室錄影或邀請一位同事來觀課；無論是錄影還是被觀課，都能幫你找出自己可能會忽略掉的、那些操作順利的部分，而同時你也會發現那些需要再加強的地方。

你也要培養學生的分析能力。你得要求他們一同回想你所建立起的原則，好讓小組有效運作。要讓他們與你一同分析，對他們有效及無效的教學程序。要他們提出讓合作（或開始上課或在課室移動），更能發揮功效的建議。當你，看到學生更有責任感、更獨立的時候，你要表達出喜悅之情。讓學生告訴你，他們感到自豪的時刻。即使運作不協調時，也要一同努力合奏或者分部練

習，而非把這一段不和諧的曲調從作品中刪除。

務實的考量

許多年前有位教授曾告訴我，教學成敗的主因在於是否知道該把鉛筆放在哪裡。當時教學年資尚淺的我不懂個中道理。如今教了40年、數千名學生之後，我終於明白。以下是你開始建立差異化課室時應該要留意的事項，這些事情都很平凡卻都不可或缺。這份清單並非完備，有些項目也未必能應用在你的課室中，但其中的一些想法或許能激發你思考在專業發展中，如「把鉛筆放在哪裡」這類關鍵的條件。

下達考慮周詳的指導語

當你同時下達多種任務的指令時，不要告訴每個學生所有任務的指導語。這樣做只會浪費時間、更讓學生感到困惑，並且在任務的變化上消耗過多的注意力。這部分的技巧在於如何在不必下達全組指令的情況下，讓每個人都知道自己該做什麼。不妨試試以下方法：

- 以全班熟悉的任務開始課程。學生一旦就位，教師就一次對一個小組下達差異化任務的指導語。

- 當日下達次日的指導語。換句話說，當日先對每一組一位較仔細謹慎的聆聽者及一位仔細的執行者發布指令。第二天任務開始時，他們就能對他們的組員傳達指令。

- 使用任務說明卡，將指導語放在投影片上、寫在活頁板或者白板上。學生可以在教室指定或他們自己選擇的地方去閱讀仔細書寫的任務說明卡，或觀看一段吸引注意力的發表，以了解自己該做什麼。如果你的學生年紀較小，你得指定閱讀能力流暢的學生在任務開始時，對小組朗讀任務說明卡，並且讓電腦能力好的學生使用白板。

- 事先錄好指導語。對閱讀文字或了解課堂指令方面有困難的學生來說，預先錄好的指導語特別有用，特別是當你沒時間寫任務說明卡，或者是指令很複雜以致於你想用兩種以上的方式解釋清楚時。

- 在說明全新的小組任務時，要考慮周全。比方說，在你要求小組使用心智

圖前，全班一起先使用過幾次會更合理。讓所有學生在同一個學習角學習，直到他們了解如何運作，然後才在學習角實施差異化。

- 在教學策略需求條件下，為你自己畫分出「禁區」。或許你可以規定在活動開始前5分鐘內，學生不能提問。你可以在班上走動，以確認學生已經就位且拿到他們的教材。當你只關注一位學生時，有可能導致其他學生放空。你也需要不會被干擾的時間，來跟小組或個別學生討論。如果你的學生年紀較大，可以直接向他們宣布這些時間的安排。如果你的學生年紀較小，可以告訴他們當你在脖子上繫條絲帶或戴上棒球帽時，你不會回應他們的問題。無論是哪種狀況，你都要讓其他學生了解他們為什麼在這些時候不可以來找你。

建立起求助的機制

　　由於諸多原因，在多重學習任務進行的課室中，學生大多數的時間必須學習如何向你之外的人求助。教他們該怎麼做，並且準備好其他援助來源。以下是一些準則：

- 協助學生成為良好的聆聽者。孩子的傾聽習慣通常不好，因為他們知道如果沒聽到還是會有人重複說一次。要幫助他們學會在你說話的時候得專心聽，請他們在腦海中重述一次你說過的話，並且請某位同學大聲說出基本指導語的大意。他們將會學到如果一開始就好好聽你說話，那麼他們就不需要太多幫助。這需要他們花工夫學習，也需要你的毅力堅持下去。

- 如果學生不知道下一步該怎麼做，那麼就教他們可以使用的策略。RICE這個方便記憶的縮寫，就是學生可以獨立運用的策略，它代表：回想（Recall）、想像（Imagine）、確認（Check）、問專家（Expert）。首先，他們應該要努力回想你說過的話。如果沒有幫助，他們應該要閉上眼睛，在腦海中浮現你說話的樣子，發揮良好的實用智能並（合邏輯地）想像學習任務的指導語會是什麼。如果這還沒有幫助，他們可以與一位（跟他們同桌或附近進行同樣任務的）同學確認，這動作必須要小聲進行。如果學生還是弄不清楚指導語，他們可以請教一位或數位老師指定的

「本日專家」，這些專家具有必要的自主能力或技能可以提供同學引導。專家只能暫停他們的工作一下下，去幫助真正卡關的同學。（久而久之，多數學生都可以擔任一項或一項以上學習任務的專家了。）

• 確認學生知道接下來要做什麼。有時難免求助的程序行不通，學生就得改做一項預先得到准許的定錨活動。讓學生知道他們可以告訴你，他們如何嘗試這個求助程序卻沒能成功，只好先做預先批准的活動，直到你能去幫他們。枯坐乾等或者阻礙別人都是不被允許的。

要確認學生知道你有多重視時間。幫助他們了解他們的時間是如此的少，卻還有很多重要的事項待完成。聰明的利用時間，應該要成為班級標準。

保持警覺，保持條理

許多教師害怕如果讓學生在差異化課室做各種任務，他們會無法掌握課室裡的狀況。一個有效率的教師不能在狀況外。在差異化課室中，教師應該要更了解學生在做什麼以及成效如何，而不

是更弄不清楚狀況。教師必須以不同的方式，看待掌控學生的學習進度。以下是讓你更有條理的準則，可以協助你促進學生自主的差異化學習：

• 使用學生的工作檔案夾。這些檔案夾要隨時放在教室裡，並且留存所有正在進行的工作（包含完成部分的任務、獨立學習的作業以及定錨活動等）。這些檔案夾也應該包括學習紀錄單，讓學生可以記下他們已經完成的工作和完成日期、已經達成的目標，以及他們與你針對進度及目標所進行的個別會議。較大的學生可以自行在內頁登錄成績。這種檔案夾提供你便利的方式可以檢閱學生的進步，同時對親師座談以及家長、教師與學生座談等場合也很實用。

• 將你希望學生在你教的學科各個面向能精熟的所有技巧、能力列成清單（例如：寫作、拼字、閱讀理解及文法、計算、問題解決、數學辨證），然後將這份技能清單延伸到比目標更基礎以及更進階的技能上。將這份新的清單印成紙本或製作成電子的檢查單，將上面各項能力依序列出，並且

有欄位記錄達成能力指標的日期和評語。為每個學生做一份清單，並且將這些清單放在筆記本或電腦檔案夾中依照字母順序排列。每隔一段時間用這份清單來突擊檢查學生的作品，或者偶而跟個別學生或小組做正式的寫作或口頭評量。你在記錄觀察一段時間之後，就可以清楚地看出個人成長的模式。這會幫助你監控學生的進步，也能協助你設計出針對學生需求所做的差異化作業。這些觀察對於師生教學計畫座談會也有幫助。

- 設置精心規劃與標示的區域，好讓學生放置完成的作業（例如：分層檔案架、盒子、檔案夾或電子檔）。這比要學生直接交作業給你更有效率，而且也比各種作業都堆疊在一起來得有效率。

- 在課堂隨身攜帶筆記板或平板。簡要記錄你觀察到學生所做的好事、恍然大悟的時刻、困惑的地方或者需要加強控制的工作狀況，把這些筆記拿來協助你反思、計畫以及與個別學生和全班對話。

- 不要覺得自己必須為每一項功課打分數。（你絕不會想到要為學生的每一

次鋼琴練習時間打分數！）有時學生要想出解決方法，有時則要判斷他們是否想出方法，而這兩者不該混為一談。

幫你的學生看出來完成這些活動有多重要，如此一來他們的技巧才會變得越來越好，也會越來越有洞見。如果正確很必要，就使用同儕檢查員或「本日專家」。經常提供學生聚焦的回饋，並幫助學生為彼此提供回饋。該做正式評量時，幫學生看到優質練習及成功之間的連結。

如果學生正在做理解活動並且你覺得必須打成績時，聚焦在像是學生是否專注於任務……這類的事情。學生投入知識建構活動時，教師感到分組是必要的，學生是否專注任務、努力學習、得到適當協助、為了進步而修正、作業完成時繼續參與錨式活動（anchor activities）。在剪貼板或平板電腦上，教師可運用空白的班級列表，以便每天評量。如果你看到一個學生有所突破，進步很多，可在今天的空格記上一筆。如果一個學生在協助之下仍有困難，則在今天的空格裡放一個減號。如果學生表

現恰如其分，則在表格內打勾。日積月累之下，紀錄會說話。如果需要，可將此模式轉換爲「班級事務」評分表及許多其他正式評分項目。教師運用這樣的模式來幫助學生反思自己的心智和工作習慣。但請記住，一再評分會削弱學生的意願、他們規避犯錯，並從錯誤中學習、依賴教師、爲了成績學習，而不是爲了自身價值（Earl, 2003; O'Connor, 2011; Tomlinson & Moon, 2013）。追逐分數也使人瘋狂，搶奪重要思考和規劃的時間。

考慮「回到座位」在差異化教室中的必要性

學生每天課程開始和結束都回到自己的座位，常常是有好處的。學生總是在「自己的座位」上課，不一定都要移動，即使差異化活動需要移動位置，當課程結束時，學生還是回到原來座位。

運用這種方法可協助教師快速點名，分發活動資料夾。如此一來，更容易確保空間動線在活動結束、下課，或空檔時是整齊、井然有序的。指定座位也讓學生在自己位置上，就可以兩兩一組討論。

建立開始和結束程序

在學生開始差異化學習前，需要馬上讓他們知道接下來要去哪裡、該做什麼。教師不能忽略現實面，尤其時間掌握不能馬虎。學生移動位置後，他們要知道其中過程爲何。與他們一起行動，共同習慣這樣的效率。

活動期間，請注意時間。活動結束前2分鐘，提醒學生一次，表示活動時間即將結束（閃燈或走到每個位置告知）。下一次提醒，學生就必須回座。學生就該知道，老師希望他們在30秒內安靜有序地回到座位。

教學生做出高品質

每個班級中總有少數學生認爲，快速完成作業就是成功，而不在過程中思考得到了什麼。我們必須向學生釐清，作品的品質和成就感才是眞正重要的事。藉著要求他們分析急就章與持續修改、富創意的作品間的差異，幫助學生了解這項原則。

有時，學生快速完成是因爲任務太過容易，抑或方向並沒有明確規定卓越的標準。當上述問題解決時，投注耐心與堅持，只接受高品質的作品。有位老

師稱之為「賓果傑作」，她教學生，在完成所有修正之前，要抑制把作品「丟出來」的衝動。做完交出時即可說：「賓果，這是我的最佳版本！」

先遣挑戰行為

學生既挑戰老師又阻礙自己成功的行為，可能限制教師建立課堂常規，要求學生思考、尊重自己和他人。學生之所以「挑戰制度」有很多原因，而且，肯定無法找出概括的解決方法來幫助這些學生，他們必須漸漸承擔起自己的學習責任。在許多方面，這些學生甚至比起更專注的同學還需要差異化學習，相信他們有成功的潛力、支持其成功，逐步縝密的計畫，一開始就提供豐富的課程，系統性、多樣化的學習和表達方式，以及平衡、靈活的課室常規。

這樣的學生往往對那些「溫暖的要求者」（Bondy & Ross, 2008）給予良好回應。這些教師表達了強烈的信任和接受，但同時明確表示，他們期望學生拿出最好的表現。溫暖的要求者以照顧角度，持續提供架構、解釋及鷹架，支持學生產出努力的極大值。他們不放棄學生，不對期望妥協，面對挑戰性的行為，也不忽視教學。相反的，他們帶領學生精益求精。幾乎所有的學生，都可以在真實教室背景下自主發展。

開發支持系統

至少有四個群組可以幫助教師走向差異化課堂之路：學校同事、行政人員、家長團體和社區成員，都可以齊心協力、提供幫助，惟教師必須主動徵求這四方得力助手的協助。

號召同事加入

很多學校的狀況是，致力於創新的領頭羊可能招致同事不滿。比較好的狀況是，職場上，總是有幾個對工作充滿熱情、志同道合的心靈夥伴，藉由其他人想法的催化，準備冒險成長。在團體中找到一兩個這樣的人，形成聯盟。

在許多學校，藝術教師、特教工作者、資優班老師等，已經開始差異化教學。他們可能不是專家，但別擔心，沒有人是。他們有極佳的點子，流程了然於心，老師的想法和問題可以使活動更豐富。現在加入差異化的行列一點都不遲，團隊成員對於共融學習非常歡迎；

定期聚會，在對方的教室共同備課、排除困難、分享課程素材，輪流授課、觀課。這種協同夥伴關係對於總是單兵作業的人來說，是最大的好處之一。

視校長為夥伴

有些校長不喜歡課堂上，進行動作、講話。我曾親眼見證一個同事，與她協同教學，態度從此丕變。她清楚自己的想法、差異化教學的內涵及重要性。她經常駐足校長辦公室前，說道：「走在教室外，校長應該注意到，學生都是分組上課。」她再解釋：「希望你能停下來，一探究竟。」一開始，校長確實如此：他短暫留駐門外，最後受邀「進教室看看」時，老師鼓勵他和學生交談，了解他們在做什麼。因為教學生有足夠的智慧和獨立性，所以她邀請校長一同欣賞這般教室風景，成為最大贏家。如果你的校長對差異化教學依舊存疑，或因為其他原因不支持，那麼請引導校長，並成為他／她的老師！

如果學校行政單位已經支持以學生為中心的差異化教學，請分享個人目標，邀請校長協助你了解如何在課堂上實現這些目標。校長可以更精準定位觀察的結果，亦可援引資深教育工作者的見解，因為他們看過許多運作中的差異化教室。

延伸家長期待

明確地說，父母都希冀孩子在學校學到好東西。他們希望孩子長大、盡可能發揮優勢、減少弱點，在課堂上發現亮點、每天喚醒他們的是期待上學的心，不是鬧鐘。然而，正如差異化課堂必須扭轉學生對以往「上課」的印象，同樣也得翻轉父母對學校的刻板印象。

新學年開始，發送一封電子郵件或一張上課須知，告知家長你的學年新希望。真實聆聽，認真學習。有系統地向家長展示差異化課堂如何建構孩子的優勢、提供機會加強弱點、追蹤個人成長、促進參與的正能量。運用定期電子郵件、班級網站、聚焦學生作品的親師會談、學生自己的自我評估，以幫助家長了解課程和教學方式與父母對孩子設定目標不謀而合。

教師甚至可以邀請父母在班上發揮積極角色。志願者可以與有困難者的同學一起研究數學概念，和高階學生談話，從中可獲益甚深；與學生一同學

習，以大人的角度交流世代值得關注的訊息。父母可以是傳世小說、電腦專家、手作學習達人，這些都擴大了自己和他人孩子的學習選項。

家庭與學校的合作，對於差異化教室相當重要。父母總是比老師更了解自己的孩子，老師可以從深度知識中學到很多。另一方面，老師得以知道孩子的另一面，父母亦習得知識的廣度。就以上觀點來看，孩子們增加了充分發揮潛力的機會。最有智慧的老師教導父母和孩子，他們也熱切地尋求從父母那裡學習的機會。

參與社區活動

課堂以外的世界更豐富、機會更多，比教室內更具神奇魔力。在這個更大的世界，更值得實作差異化教學。當他建立事物的模型時，Frederick學得最好。Phan在書寫英文之前，需要以母語消化心中概念；Saranne的電腦能力，比任何她認識的成年人更強；四年級的Charlie可以輕鬆處理六年級的數學；Francie拼命想學跳舞；Philip痴迷於考古學，而Genice希望用數位相機和動畫來做歷史報告，能夠同時指導上述

所有學生的老師實屬罕見。

然而，「學習服務站」（service clubs）可以為閱讀困難的讀者和學習障礙的學生錄製讀本，許多教科書公司現在也能提供音檔和數位教材。導師可以幫助學生探索攝影、棒球數據、電腦動畫或爵士樂的可能性。教會志工可試圖以兩種語言與學生溝通。相關廠商可以提供舊地毯，布置教室的閱讀角。博物館和畫廊提供報告構想、素材、引導，並透過線上收藏舉辦虛擬校外教學。老人中心可為分軌調查提供指導和資源（詳見第七章）。世界是充滿資源和老師的課室。慷慨無私的老師，連結學習者與這些廣泛的選項。

• • •

同樣的，不需要一步到位。每年與同事設計一種新方式，從行政端那裡獲得洞見與支持，與家長教學相長，或把世界帶進你的教室。記住，成為差異化教學專家是職業生涯的長遠目標。一步一腳印，有志竟成。

第 10 章

差異化教室的催化劑——
教育領導者

人們容易低估改變過程的複雜性，導致身陷兩難、矛盾及似是而非的圖圖之中。結合看似不協調的步驟：願景明確、心態開放、採取主動、授權他人；建構壓力支持系統；大處著眼、小處著手；設定目標、耐心持續；彈性規劃；靈活策略；體驗起落、了然於心。

——Michael G. Fullan, Suzanne Stiegelbauer《教育變革新頁》（*The New Meaning of Educational Change*）

差異化不僅是教學策略或樣貌，而是一種思考教與學的方式，從個人出發，而不忽略學生個別差異的診斷式行動計畫。這種方式挑戰教育者典型的思維，包括評量、教課、學習、課堂角色、時間運用及課程設計。這也是一種追本溯源的思考方式，是人們對學習的最佳理解。

感到需要接受挑戰的教師會閱讀到這類書籍，如本書，結合哲學與實踐，重新塑造教室風景。然而，通常以成長為導向的教育領導者，需要更廣泛的變革。

本章針對行政主管、校長、駐區督學以及期望成為差異化教室的教育相關

領導人。學校變革雖難，但不是無法實現，如果以最新的歷程為基礎，改變更可能成眞。這是必要的理解，因爲學校一旦開始發展差異化，即走上重大變革之路。

經驗、研究和學校變革

我們非常明瞭教育變革的過程：助力、阻力、階段、角色，以及參與者的反應。本章廣納Michael Fullan（1993, 2001a, 2001b）、Seymour Sarason（例如：1990, 1993）、Robert Evans（1996）、Thomas Sergiovanni（例如：1999, 2005）等人的研究結晶，還有其他改革發展的突破洞見。儘管如此，主要結論也支持了未來的一些建議：指導學校變革的基本原則。這不是線性建議；變化是複雜、凌亂，不可預測的。當我們執行變革時，開始、重來，甚至跳過原本程序都是有可能的。然而，隨著時間推移，所有建議、反思都很重要，因爲學校或區域主管的引導方式，造就差異化教室的改變。

檢視信仰和目標

花時間思考一下，爲什麼差異化課堂的概念是明智且重要的？是因爲深信有效的異質社會學習對學校和社會未來的重要性？是因爲看到太多學生在標準化課程上適應不良？是因爲深知認知心理學和大腦的運作模式？是因爲想省錢？並不是所有動機的比重都相同。

我們必須容忍的是，差異化課堂上，犯錯是必然！這點必須清楚表達，義無反顧。如果你不覺得差異化教學是多麼值得投入，現在將其抽離教育領導也許是明智之舉。

建立、分享願景

領導必須創造願景，並激勵他人一同實現。如果在你的學校或學區的教室從此改變，你會如何看待？爲什麼是正向改變？爲誰而改？

不要求老師做他不熟悉的事，確保自己清楚差異化的定義和目標。解釋這些原則供他人檢視，並與你討論。然後做件困難的事：一邊把持住願景，另一邊觸及其他領導者，邀集老師和家長修改並延伸此願景。對領導者來說，必須

相信自己、坦承開放，其他人必會以積極的方式重塑這些想法，使改變眞正發生。

目標是明確的：你想培養優秀的教學模式，針對不同學生，不斷呼應他們的學習需求。本書提供了如何達標的思考方法。另外，其他的思考模式有：保持悅納開放的心胸，邀請其他相關單位協助你更加廣泛思考。開始改變是一種方向感，但你也必須明白，一路到底的旅程通常不值得回憶。

避免超載

教師經常認爲，他們被要求同時了解、執行多個不連貫的計畫。如果他們感覺到差異化教學只是待辦事項之一，將會產生氣餒或憤怒的情緒。爲此，要避免讓教師有透支的感覺，至關重要。

爲了種下有效改變的種子，領導者首先要鎖定一個關鍵的目標，例如：使全班學習者反應更熱絡。確保目標仍然存在於所有人的思考核心。盡可能排除達標可能的阻礙，並提出有助實現目標的舉措。例如：對教師來說，「我們正在學習『文學圈』，因爲它的步驟以學生的學習準備度與興趣做到差異化。」

或者可以解釋成，了解文化和性別模式「可以幫助我們透過以下方式，達成互動式教室目標。」或說明：「運用這些應用程式，方能更有效滿足許多學生的學習需求。」換句話說，訊息盡可能這樣傳達：「我們正在做的，是讓能力歧異的學生達到學習的最大值。今天所言，正驅使我們實現目標。」

長征的準備

實質的改變是緩慢的過程，必須啓動、實施和制度化。不可避免地，需要5到10年，重要的改變才能「生根」。如果要認眞擘畫差異化教室，就要制定時間表和計畫表。發布計畫要點與時間表，讓別人知道這個想法「勢在必行」，千里之行、始於足下。當然，這個計畫會隨著時間的推移而重新整合，時間表不是最終版。但是，應該表現出的是不可動搖的決心，有意義的改變。

教育領導者有一種非常不好的習慣，對於趨勢3分鐘熱度，過了就退燒。許多老師知道，如果他們暫時抽離一下，煩躁就會自動消失。實現差異化沒有捷徑。一下子設定一年期的目標終將招致失敗，並減少了夥伴眞正學會有

意義改變教室的機會。

聰明的第一步

睿智起頭，先從小處著手。從一些領航教師和班級開始嘗試，而不是全校或整個學區。但務必開始行動，並尋求充分支持，確保執行初期發生的變化是觀察得到的。從有技巧和有意改變的老師開始。這些老師反思過自己的教法、對學生反應敏感，教學模式靈活，學習動機強。如此一來，執行初期才能成功，應對不可避免的問題，擬定策略，隨著進程擴大，核心教師能成為課程開發者。然後，建立教師社群，分享設計概念與教學媒材，障礙彼此排除、協同教學、互相觀察並提供反饋。合作，並非隔離，才是新想法萌發之道。

一旦建立了這個核心團隊，為了行動和信念前進吧！改變發生時，教師抱持信念是非常重要的。例如：實施一種新的數學教法，卻無法將其套入更大的學習框架，可能會導致策略運用不當。另一方面，教學使教師成為實用主義者。一旦在課堂上成功過，他們更有可能改變自己的信念，倒不一定會因為信念改變而嘗試新的方法。確保你幫助教師界定他們在課堂上實際做的事情，同時談論為什麼特定行動如此重要，以及如何運作以支持學生發展。

差異化過程示範

在差異化教室裡，老師對學生說：

這是我們的起始點。我們在過程中的學習、成長和努力不打折，如何達到目的地也是。當中的一些人可能進度飛快，有些人在一步之遙，有些人可能A計畫做得好，其他人則是以B計畫見長。身為老師，我會作一些決定。同學們，你們之後就會理解的。通常，我們會一起完成任務、會一起努力，這些任務能夠幫助我們實現成長最大值。

當教育領導者以差異化教學作為開場白時，他們就承擔著老師的角色。學校和老師則不然，他們都朝著差異化教室的目標邁進了一步，這點毋庸置疑。過程中，不同學校與老師面對的是不同學習準備度、興趣及學習風格的學生。他們需要透過不同時間表和不同形式的支援，路徑不同所提供的幫助也相異。

有時候領導者會做出關鍵的決定，有時教師必須代勞。通常，他們需要共同製定，並始終將目標放在實現差異化教室的進步。示範差異化教學的領導者，體現了互動式教室所需的友善環境。領導者和範例也提供自然的機會與夥伴談論差異化如何施作。

政策與程序檢視

通常教育領導者要求教師完成目標，儘管國家、州、區和地方政策與程序難以實現。有時領導者需要與夥伴一起修改競爭的任務或流程，以便解決學習者不同的需求。這些問題需要考慮：

- 你可以調整學校的時間表，為教師提供更多的不間斷的教學時間嗎？在40分鐘的課堂上難以建立常規，實施差異化課程。
- 所在的學區是否考慮為特定科目和年級採用多版本教材，而非單一版本？如果所有三年級學生使用相同課本，此舉說明差異化可能不那麼重要。
- 所在學區是否考慮修改成績單，內容包括學生思維習慣、學習表現以及個人成長的數據，不只關注學業成績？

- 學校應考慮縮小班級學習範圍嗎？用「諾亞方舟」模式教學：每種類型的學習都來一點，在差異化執行初期，不見得是最棒、最有效的方法。雖然同質分組在學習上不甚公平，但在發展差異化教學的初期階段，一些教師可能矯枉過正，在同一節課內嘗試所有方法。
- 有哪些方法可以減少班級規模、呼朋引伴、增加教室空間，或尋覓願意投身規劃差異化教學的教師（至少在教師增能初期階段）？
- 是否需要以學校或學區的層級與家長溝通差異化教學？或者，是否希望教師單獨面對家長，說明差異化對學生的潛在好處及參與機會？

有時領導者不能改變事情；他們只能幫助老師重新考慮特定政策或程序。例如：許多教師認為，強調標準化測驗與投入差異化教學是互相矛盾的。實際上，硬要所有學生學一樣的東西，成績優異的飆速，成績落後者龜速，就算以教師為主的教學模式也稱不上理想，更別說學習者因此受到激勵，動機提升。有效的差異化教學，可使更多學生在標

準化評量中表現得好。領導者可幫助教師了解：與有效教學並無違背。

由上而下的標準和課程指南，不應該「等於」課程，但可以是納入學生的教學計畫。幫助教師看到差異，並給予他們更多設計上的自由，為差異化課堂成真的關鍵。學區層級的教育領導者，他們的言辭和行動傳達的是，教師的成功和價值取決於，所有學生無論在任何時間參加考試，都能得分「高於平均」，而不是一同實施差異化教學。

規劃適應複雜變革的成員發展

在改變初期，讓組織成員明白差異化發展階段的定義、討論和說明是有用的。透過這種交流，整合學校與學區對於定義、原則和目標，如果整合結果得宜，則可贏在起跑點。然而，接連「不切實際的幻想」則會迅速流失採取行動的力量。

教師需要獲得關於主題的新訊息，包括其概念、原理和技能。這可以透過成員發表會、閱讀、影片、個人和小組諮詢來實現。然後，老師需要時間和機會來理解新概念；領導者必須提供時間與框架，促進教師對概念的反思。

教師需要制定長期和短期個人目標，將想法轉化為課堂行動，並訂下具體的實施計畫。在過程中支持教師，首先鼓勵兩兩配對，安排協同教學、課室觀察和課後檢討。

就這一點，根據他們從既定模式轉譯中學到的內容（包括自我反省、同儕投入和學生反饋），教師可能準備好接收更多訊息，幫助研究曾嘗試過的技能或進入另一個程序，獲得額外的反應輸入。

成員發展週期如同優良的課堂教學，開發者必須：

- 了解實現預期成果必需的基本事實、概念、原則和技能；
- 制定發表或與學習者相遇的排序；
- 評量學習者的精熟準備度；
- 為學習者提供理解、嘗試新概念的機會；
- 提供有關學習者概念應用的重點反饋；
- 為學習者當前的需求量身定做下一個學習機會。

記住學習者不同的學習軌跡。一

些老師可能有能力構思良好的差異化教學，但缺乏意願。有意願的人可能缺乏課程設計新思維。有些人可以處理新課程，但在建立「以學生為中心」的教室時卻會跌跤。抑或其他人的教學以學生為中心，但發現很難運用以理解或意義為本的教學方法。有些則需要引導，才能發展新的理念系統。在差異化教室中，絕不能以一種版本走遍天下。組織成員的發展，是示範這個信念的另一個重要機會。

提供持續援助

在漫長的變化週期，教師將需要持續的支持。他們需要領導者幫助他們：

- 澄清教師成長目標；
- 給予時間規劃差異化課程；
- 規劃差異化課程時，邊修訂課程指南；
- 提供入班觀察差異化教室的機會；
- 獲得廣泛以學習者為中心的技術和材料；
- 在教室裡穩健嘗試新方法，不必擔心偶而出現的雜音；
- 對差異化教學提供有意義、目標性的反饋；
- 為第一批加入的教師提供相互支持、鼓勵網絡，如果受到抵制變革同事的「懲罰」，他們不會感到孤單；
- 為完成任務或甘冒失敗風險，仍致力去做的夥伴表示感謝。

有效的領導者持續想方設法支持、維持教師動能，他們不會將老師單獨送到未知的領域。

施加壓力、提供支持

經常操作的教學法會導致慣性，因此許多學生需求眾多，每天需要與老師互動的機會不勝其數。很多關於學校和教室不願意改變，對於差異化教學，永遠在等待「更好」的時機。

我曾經聽過一位講者說，老師因為感到改變的光與熱，因而起心動念改變。兩者都是改變的觸媒；有效的行政人員必須成為光與熱的來源，幫助教師看到新舉措的益處，同時堅持向前。教師領導者，如學科領域輔導員、年級主任、特教老師，都是良好的光源，但一般來說，光源仍需仰賴熱能的提供。然而，教師領導者不應因此妄自菲薄。相

反的，教師領導者必須經由能夠燃燒、發熱的人傳光。

連結差異化教學與專業責任

雖然差異化的概念相對較新，但不只是為了滿足客戶需求客製服務而已。即使在教育方面，客戶量（學生）一次是二十到三十個，教師們早知每個人不盡相同，但沒有方法，無法得知「隱藏版」的內容。雖然許多教師不會主動依據持續評量實施差異化教學，但大多數人認為，教師的作用是幫助每位學生成功。

幫助教師了解其專業責任，讓每個學生參與有意義、精實的學習，是邁向差異化教室的核心。Charlotte Danielson（2007）在教學關鍵四領域（規劃準備、課堂環境、教學引導、專業責任），提出了所謂「待加強」、「基礎」、「優良」和「卓越」的表現基準。

在Danielson豐富、具延展性的框架下，「卓越」意味著能夠反映對學生不同的需求。這個框架無法概括差異化教學，而是反映出這樣的現實：判別優秀教師端看他們是否能夠看到「個體」，而不是「團體」。

運用這類框架，透過鼓勵思考、精進成果，可幫助教師成就指導個別學生的信心。這些基準在教師評量過程中，顯得特別有幫助，透過這些過程，教師將設計反應式教學定為個人目標、採取行動、獲得主管單位的回饋，假以時日，持續朝專業發展。實施計畫和執行修正，乃光與熱相乘的結果。

關於Danielson的框架與差異化教學的鏈結、強調差異化教學是教師的專業責任等，請上ASCD網站（www.ascd.org/ASCD/pdf/books/TDC14.pdf）參見更詳細的說明。

給新手教師的話

未來課堂品質須仰賴當下如何培力下一代教師。研究揭示，師培計畫往往不足以為混合能力班級訓練出適合的儲備教師（Santangelo & Tomlinson, 2009; Tomlinson et al., 1997），例如：儲備老師：

• 在師培課程中，鮮少有差異化教學的經驗；

- 大概只有「特殊教育」這門課，可以幫助其了解個別孩子的學習需求，幾無例外。這門課程完全排除學習者的特質，更遑論「差異化教學實作」訓練，則是少之又少；
- 很少受到教授、教育學程或輔導教師鼓勵，積極發展差異化教學；
- 實施差異化教學經常不受到支持，尤其是教學輔導老師鼓勵「一起行動」的作法；
- 對於學生差異的教學策略選擇不多，因此感到不安；
- 在設計學生分階任務上沒有概念。

在教室現場，初任老師因教學複雜性、同儕壓力、環境氛圍，採安全的「中間路線」是潛規則。在師培階段即展現強烈意願實行差異化教學的老師，在教學生涯早期才更有可能嘗試解決不同學習者的需求。

發展教職專業的「必備技能」要趁早，健全的差異化教學更是「精進技能」之必須。因此，很少有新手教師能夠完整規劃、執行差異化教學，本不該如此。如果新手教師在師培階段即受過差異化教學的訓練，手握必備技能，又有精進技能的加持，專業道路隨即開展，這些都是互動式教學的基石。師培單位和校方應大力投入資源，持續支持初任教師發展差異化教學的技能和意願。

師培單位和聘用新手教師的學區，應做好以下工作：

- 對新手教師設計以學生為中心的互動式教學方面成長，提出明確的期望。
- 提供明確的差異化課程示範和實作。
- 提供指導，幫助教師反思學生的需求及適當回應。
- 確保教師在導入差異化教學策略及後端運作管理上，安心無虞。
- 提供實施差異化教學的教師夥伴社群。
- 提供教師時間與框架反思、規劃符合學生需求的教學。
- 以有意義的方式理解互動式教學的成長。

• • •

隨著學校日趨多元，為了給所有個別學生受教權，應該發心支持新手教師投注時間、資源、指導，不要再向「中

間路線」靠攏。我們必須幫助所有教育
工作者發展差異化教學，在學習準備
度、興趣和學習風格方面因材施教。

結語

領導意味著先行，首先，必須相信，因為我已破冰，且安然無恙。成長的路上，有收穫，也有受挫；茁壯的進程，天地任我。領頭不保證成功（風險、危難乃世事常態），在教與學關係中，可以確定的是：不管怎樣，有我在，在這裡做你的依賴。

——Max van Manen《教學的奧義》（*The Tact of Teaching*）

對許多老師來說，教室是我們志業的根據地。時而感到孤獨、時而充斥喧囂，進出這個場域，我們從做中學、實踐專業，25、30年華，銘記日月、跨過時節。教室是我們花最多時間，改變他人生命的地方。

教學生涯中，每一天都不盡相同；但如果一不小心，所有日子都只能一成不變。我們最好記住，我們有機會透過實踐，改變自己；我們也有機會停滯不前，原地踏步。

本書所提理念抱負滿滿，適合每天要求學生冒險、延展，跨出舒適圈的老師。

Lewis Thomas（1983）認為，作為人類，應該慶幸我們所知有限，而不是假裝自己對複雜的生活有很多答案。他說：「我們可以暫時滿足於小確幸，但是，應該追求更深層的滿足、成就，為此，我們還有挺進的空間。」（頁163）

這就是教學，也是本書編纂的初衷：還沒有做的，不必擔憂，也不要因暫時的勝利而自滿，要看不久的將來，我們走進教室之際，準備好加入每一個孩子的行列，學到真正重要的事情。學生可能從脆弱、帶著天馬行空的夢想、仰賴我們來幫忙寫下一個關於機會、努力和成功的故事、結合E化學習與人腦思考的進階版學習者。每一天，為人師表者決定是否超越現實，教授這些彷彿不存在的事，和孩子一同構築人生發展中陰暗與人性。

正向、卓越的教學，在很大程度上是給予年輕世代的領導。依此推論（Williamson, 1992），相信作為人類

（和老師）最大的恐懼並不是擔不起，而是測量不盡。

對我來說，差異化教學帶來的力量，即便不願回顧過去，對於現在每天、每個學生，勢在必行。我許下承諾，滿足所有個別需求，有時候停頓、往往不完美，但總可以眞切地跟孩子說：「我看到你、在乎你、爲你而在、我在這兒，做你的依賴。」

附錄　差異化教學計畫編纂工具

工具1：有效差異化教學的要素、屬性及策略

對於建構混合能力的差異化教學，這個工具提供了基本的模式。首先，此表歸納了所有學習者應體驗的學習內容、路徑（或知識建構活動）和成果（總結評量或其他真實評量）的特色。無論教師如何思忖教案，還是以學生的學習準備度、興趣或學習風格設計作業，這些標準均為教師規劃課程服膺的重點。

依循每項標準，教師可使用以下課程引導範例，來操作符合學習準備度、興趣與學習風格的差異化學習內容、路徑和成果。雖然這些表格並不複雜，但反映了目前有效教學的進程。請注意，所有教學策略都應適用於教學內容和學生需求。

有效差異化教學的要素、屬性及策略		
學習內容	**學習路徑**	**學習成果**
· 知識、理解和技能（KUD）的明確目標	· 與KUD內容一致的明確目標	· 與KUD內容一致的明確目標
· 以概念和理解為基礎	· 以概念和理解為基礎	· 以概念和理解為基礎
· 高度關聯	· 焦點式的	· 已知的教學規劃技能
· 投入的	· 高水平的	· 已知的產出技能
· 連貫的	· 目的性的	· 須整合、遷移所有KUD關鍵內容
· 可遷移的	· 旨在遷移	· 真實情境、參與對象
· 強大的	· 批判與創意思維的平衡	· 表達的多種形式
· 遵循規範	· 促進後設認知	
· 「教」與「學」的多種形式	· 表達方式的多種形式	

差異化：學習内容策略	差異化：學習路徑策略	差異化：學習成果策略
·多種文本與補充資源	·分階作業	·複雜的教學成果
·多種網路資源	·學習中心	·智力三元選項
·多種視聽資源	·興趣中心	·彈性工作安排
·多種閱讀指導機制	·網絡圖	·多樣資源選項
·模組建立／示範	·智力三元選項	·社群成果
·彈性時間分配	·學生在不同複雜程度的工作模式	·師徒制
·興趣導向的媒材	·多種形式的探索和表達	·獨立研究
·小組教學	·多樣工作安排	·分軌研究
·小型工作坊	·學習契約	·畢業評量表
·多樣教學模式	·模擬實作	·多樣表達方式
·其他	·複雜的引導任務	·不同媒體運用
	·情境角色主題模式（RAFT）作業	·分階作品產出
	·文學圈討論模式	·分階課程安排
	·線上任務／網路搜尋	·線上任務／網路搜尋
	·其他	·其他

工具2：調節器

調節器是音頻設備的零件，聽者可左右滑動以調整音調、音量、平衡等，用在以學習準備度開始規劃的**差異化教學**，十分有幫助。調節器的帶狀功能表示，教師可以透過「設定」，為個人學習者找到最合適的挑戰等級。

為了界定學習者對特定任務準備度的差異，教師一開始應確認明確目標、強調重點、突顯課程與教學——内容、路徑和成果，以符合工具1中闡明的要求。依此模式，老師可以考慮將一個或多個調節器向左（更簡單）或向右（更複雜）移動，以調整符合學習者起始點的初始任務。例如：一個對行星知識相當熟稔、閱讀能力相當好的學習者，可能需要運用相對複雜的研究資源來準備隔天的報告；一個閱讀技巧不佳，行星背景知識不夠廣泛的同學，可能需要更多的基礎研究資料始能達標。

調節器：規劃學習準備度差異化教學的工具

1. 資訊、概念、材料、應用

   基礎的 ⟷ **轉換的**

2. 表達、想法、應用、材料

   具體的 ⟷ **抽象的**

3. 資源、研究、議題、問題、技能、目標

   簡單的 ⟷ **複雜的**

4. 專業連接、方向、發展階段

   單面向 ⟷ **多面向**

5. 應用、洞察、遷移

   小進展 ⟷ **大躍進**

6. 解決方案、決策、方法

   結構式 ⟷ **開放式**

7. 路徑、研究、產出

   問題明確 ⟷ **問題模糊**

8. 規劃、設計、檢視

   結構式 ⟷ **開放式**

9. 學習步調、思考步調

   趨緩 ⟷ **加速**

與音律調節器一樣，不必同時調整所有項目。同樣要注意的是，學生在開始學習主題或技巧時，可能需要將幾個項目的調節器調至左邊，活動成果漸趨穩定後，學生的成長會反映在調節器的向右位移，以支援其成長。無論學生對該學習主題的起始點為何，所有班級的學生都應該如此。

請注意，這些指標並不詳盡；事實上，對於教師來說，這是很好的反思練習，考慮該如何為不同程度的學生設計任務，量身打造調節器的檢核項目。

工具3：調節器檢核項目

該工具旨在幫助教師及課程開發者思考在不同階段下，修改課程和教學的方法，以符合學生的學習準備度。例如：如果學習者在學習某些概念、技巧上若有困難，教師可將任務設計為基礎級，讓學生做出必要的心智連結。完成活動的關鍵可能是要求學生以熟悉的方式切入——也許像教科書中涵蓋的例子、課堂討論或個人經驗的連結等。然而，同一間教室裡的學習者，若已熟悉目標概念或技能，可將其遷移運用，意味著，學習行為從課本、課堂上的例子或個人經驗中遷移出去。

請記得，學習準備度的差異化目標是提供學生意義豐富或理解為重的課程，並視其需要自我挑戰。同時，教師必須規劃分階協助或支持學生的需要，幫助他們迎接挑戰，達到層次新高。如此一來，須將調節器滑至右側；然而挑戰無法一蹴而就，必須再次通過適當的支持或調整，確保所有學生都能成功。

再次重申，這些指標並非絕對，而是鼓勵教師思考教室中不同能力的學生，將原本指標擴大，編制自己的調節器項目，以服膺學生的學習準備度。

關於調節器

1. 資訊、概念、材料、應用

基礎的 ▭▭▭▭▭▭　　　**轉換的**

- 貼近文本或經驗
- 將概念和技能複製到熟悉環境
- 單獨運用關鍵概念或技能
- 所強調的基礎技能和知識
- 概念與技巧較少置換

- 從文本或經驗中移除
- 將概念或技能複製到意想不到或不熟悉的環境
- 使用本無關聯的關鍵概念或技能
- 運用但超越基礎技能和知識
- 重組更多技能和概念

2. 表達、想法、應用、材料

具體的 ▭▭▭▭▭▭　　　**抽象的**

- 具體的或進行中的
- 有形的
- 文字的
- 物理操縱
- 以事件為本的
- 將事件歸納為原則
- 示範與解釋

- 了然於心的
- 無形的
- 符號或隱喻
- 心智操縱
- 以概念為本的
- 沒有事件的原則
- 未示範或解釋

3. 資源、研究、議題、問題、技能、目標

簡單的 ▭▭▭▭▭▭　　　**複雜的**

- 運用已知的概念或技能
- 幾乎無抽象概念
- 強調適當性
- 對原創的要求相對較少
- 更常見的詞彙
- 更易於閱讀

- 結合過去與現在教授的概念或技能
- 運用多重抽象概念
- 強調優雅
- 相對需要更多原創性
- 更高階的詞彙
- 更高的可讀性

4. 專業連接、方向、發展階段

單一面向 ▭▭▭▭▭▭　　　**多重面向**

- 更少部分
- 更少步驟
- 更少階段

- 更多部分
- 更多步驟
- 更多階段

5. 應用、洞察、遷移

小進展 ▭▭▭▭▭▭　　　**大躍進**

- 少數未知
- 與大多數元素相容的
- 不需改變熟悉的元素
- 需要較無彈性的想法
- 所需知識的差距很小
- 更進化

- 許多未知
- 對許多因素相對不熟悉
- 更需要改變熟悉的元素
- 需要更靈活的想法
- 所需知識存在重大差距
- 更具革命性

關於調節器（續）

6. 解決方案、決策、方法

結構式 ═══════ 開放式

- ・更多、更精確的方向
- ・更多示範
- ・學生選擇相對較少

- ・較少方向
- ・較少示範
- ・學生選擇相對較多

7. 路徑、研究、產出

問題明確 ═══════ 問題模糊

- ・少數未知
- ・更多算法
- ・可接受的反應或方法較窄
- ・只提供相關數據
- ・指定問題

- ・更多未知數
- ・更多啟發式的
- ・可接受更廣泛的反應或方法
- ・提供外部數據
- ・問題不明確或含糊

8. 規劃、設計、檢視

結構式 ═══════ 開放式

- ・更多老師、大人指導和監督
  - -問題識別
  - -目標設定
  - -建立時間線
  - -按照時間線
  - -確保資源
  - -運用資源
  - -成功要件
  - -產出的結構
  - -評價
- ・更多教學鷹架
- ・學習獨立的技能

- ・減少教師或大人的指導和監督
  - -問題識別
  - -目標設定
  - -建立時間線
  - -按照時間線
  - -確保資源
  - -運用資源
  - -成功要件
  - -產出結構
  - -評價
- ・減少鷹架輔助
- ・展示獨立技能

9. 學習步調、思考步調

趨緩 ═══════ 加速

- ・更多實作時間
- ・更多練習
- ・反覆教學
- ・流程更系統化
- ・探測廣度和深度

- ・減少實作時間
- ・較少練習
- ・減少反覆教學
- ・加快進程
- ・擊中高點

參考文獻

Allan, S. (1991, March). Ability-grouping research reviews: What do they say about grouping and the gifted? *Educational Leadership, 48*(6), 60–65.

Arnow, H. (1954). *The dollmaker*. New York: Avon.

Ayres, W. (2010). *To teach: The journey of a teacher*. New York: Columbia University Press.

Barell, J. (1995). *Teaching for thoughtfulness: Classroom strategies to enhance intellectual development*. White Plains, NY: Longman.

Bauer, J. (1996). *Sticks*. New York: Yearling.

Bauer, J. (1997). Sticks: Between the lines. *Book Links, 6*(6), 9–12.

Beecher, M., & Sweeny, S. (2008). Closing the achievement gap with curriculum enrichment and differentiation: One school's story. *Journal of Advanced Academics, 19*, 502–530.

Ben-Hur, M. (2006). *Concept-rich mathematics instruction: Building a strong foundation for reasoning and problem solving*. Alexandria, VA: ASCD.

Berliner, D. (1986). In pursuit of the expert pedagogue. *Educational Researcher, 15*(7), 5–13.

Berte, N. (1975). *Individualizing education by learning contracts*. San Francisco: Jossey-Bass.

Bess, J. (Ed.). (1997). *Teaching well and liking it: Motivating faculty to teach effectively*. Baltimore, MD: The Johns Hopkins University Press.

Bluestein, J. (Ed.). (1995). *Mentors, masters and Mrs. MacGregor: Stories of teachers making a difference*. Deerfield Beach, FL: Health Communications.

Bondy, E., & Ross, D. (2008, September). The teacher as warm demander. *Educational Leadership, 66*(1), 54–58.

Brandwein, P. (1981). *Memorandum: On renewing schooling and education*. New York: Harcourt Brace Jovanovich.

Brown, M. (1949). *The important book*. New York: Harper & Row.

Burris, C., & Garrity, D. (2008). *Detracking for excellence and equity*. Alexandria, VA: ASCD.

Caine, R., & Caine, G. (1994). *Making connections: Teaching and the human brain* (Rev. ed.). Menlo Park, CA: Addison-Wesley.

Caine, R., & Caine, G. (1997). *Education on the edge of possibility*. Alexandria, VA: ASCD.

Cohen, E. (1994). *Designing groupwork: Strategies for the heterogeneous classroom* (2nd ed.). New York: Teachers College Press.

Csikszentmihalyi, M., Rathunde, K., & Whalen, S. (1993). *Talented teenagers: The roots of success and failure*. New York: Cambridge University Press.

Daniels, H. (2002). *Literature circles: Voice and choice in book clubs and reading groups*. Portland, ME: Stenhouse.

Danielson, C. (2007). *Enhancing professional practice: A framework for teaching* (2nd ed.). Alexandria, VA: ASCD.

Duke, D. (2004). *The challenges of educational change*. Boston: Pearson.

Dweck, C. (2000). *Self-theories: Their role in motivation, personality, and development*. Philadelphia: Psychology Press.

Dweck, C. (2008). *Mindset: The new psychology of success*. New York: Ballantine.

Earl, L. (2003). *Assessment as learning: Using classroom assessment to maximize student learning*. Thousand Oaks, CA: Corwin.

Erickson, H. (2007). *Concept-based curriculum and instruction for the thinking classroom*. Thousand Oaks, CA: Corwin.

Evans, R. (1996). *The human side of school change*. San Francisco: Jossey-Bass.

Fleischman, P. (1996). *Dateline: Troy*. Cambridge, MA: Candlewick Press.

Fullan, M. (1993). *Change forces: Probing the depths of educational reform*. Bristol, PA: Falmer Press.

Fullan, M. (2001a). *Leading in a culture of change*. San Francisco: Jossey-Bass.

Fullan, M. (2001b). *The new meaning of educational change* (3rd ed.). New York: Teachers College Press.

Fullan, M. G., & Stiegelbauer, S. (1991). *The new meaning of educational change* (2nd ed.). New York: Teachers College Press.

Gamoran, A. (1992, October). Synthesis of research: Is ability grouping equitable? *Educational Leadership, 50*(2), 11–17.

Gamoran, A., Nystrand, M., Berends, M., & LePore, P. (1995). An organizational analysis of the effects of ability grouping. *American Educational Research Journal, 32*, 687–715.

Gardner, H. (1991). *The unschooled mind. How children think and how schools should teach*. New York: Basic Books.

Gardner, H. (1993). *Multiple intelligences: The theory in practice*. New York: Basic Books.

Gardner, H. (1997). Reflections on multiple intelligences: Myths and messages. *Phi Delta Kappan, 78*, 200–207.

Grigorenko, E., & Sternberg, R. (1997). Styles of thinking, abilities, and academic performance. *Exceptional Children, 63*, 295–312.

Hattie, J. (2009). *Visible learning: A synthesis of over 800 meta-analyses relating to achievement*. New York: Routledge.

Hattie, J. (2012). *Visible learning for teachers: Maximizing impact on learning*. New York: Routledge.

Howard, P. (1994). *The owner's manual for the brain*. Austin, TX: Leornian Press.

Jensen, E. (1998). *Teaching with the brain in mind*. Alexandria, VA: ASCD.

Kennedy, M. (2005). *Inside teaching: How classroom life undermines reform*. Cambridge, MA: Harvard University Press.

Knowles, M. (1986). *Using learning contracts*. San Francisco: Jossey-Bass.

Konigsburg, E. L. (1996). *The view from Saturday*. New York: Atheneum Books for Young Readers.

Kulik, J., & Kulik, C. (1991). Ability grouping and gifted students. In N. Colangelo & G. Davis (Eds.), *Handbook of gifted education* (pp. 178–196). Boston: Allyn & Bacon.

Lasley, T. J., & Matczynski, T. J. (1997). *Strategies for teaching in a diverse society: Instructional models*. Belmont, CA: Wadsworth.

Lowry, L. (1993). *The giver*. Boston: Houghton Mifflin.

Madea, B. (1994). *The multiage classroom: An inside look at one community of learners.* Cypress, CA: Creative Teaching Press.

Marsh, H., Tautwein, U., Lüdtke, O., Baumert, J., & Köller, O. (2007). The big-fish-little-pond effect: Persistent negative effects of selective high schools on self-concept after graduation. *American Educational Research Journal, 44,* 631–669.

McTighe, J., & Wiggins, G. (2013). *Essential questions: Opening doors to student understanding.* Alexandria, VA: ASCD.

National Research Council. (1999). *How people learn: Brain, mind, experience, and school.* Washington, DC: National Academies Press.

National Research Council. (2005). *How students learn: History, mathematics, and science in the classroom.* Washington, DC: National Academies Press.

National Research Council. (2012). *A framework for K–12 science education: Practices, crosscutting concepts, and core ideas.* Washington, DC: National Academies Press.

Oakes, J. (1985). *Keeping track: How schools structure inequality.* New Haven, CT: Yale Press.

O'Connor, K. (2011). *A repair kit for grading: 15 fixes for broken grades* (2nd ed.). Boston: Pearson.

Ohanian, S. (1988). On stir-and-serve recipes for teaching. In K. Ryan & J. M. Cooper (Eds.), *Kaleidoscope: Readings in education* (pp. 56–61). Boston: Allyn & Bacon.

Paterson, K. (1977). *Bridge to Terabithia.* New York: HarperCollins.

Paterson, K. (1991). *Lyddie.* New York: Dutton.

Phenix, P. (1986). *Realms of meaning: A philosophy of the curriculum for general education.* Ventura, CA: Ventura County Superintendent of Schools Office.

Rasmussen, F. (2006). *Differentiated instruction as a means for improving achievement as measured by the American College Testing (ACT)* (Unpublished doctoral dissertation). Loyola University of Chicago School of Education.

Reis, S., Burns, D., & Renzulli, J. (1992). *Curriculum compacting: The complete guide to modifying the curriculum for high ability students.* Mansfield Center, CT: Creative Learning Press.

Reis, S., McCoach, B., Little, C., Muller, L., & Kaniskan, R. (2011). The effects of differentiated instruction and enrichment pedagogy on reading achievement in five elementary schools. *American Educational Research Journal, 48,* 462–501.

Robb, L. (1997). Talking with Paul Fleischman. *Book Links, 6*(4), 39–43.

Saint-Exupéry, A. (1943). *The little prince.* New York: Harcourt, Brace & World.

Santangelo, T., & Tomlinson, C. (2009). The application of differentiated instruction in postsecondary environments: Benefits, challenges, and future directions. *International Journal of Teaching and Learning in Higher Education, 20,* 307–323.

Sarason, S. (1990). *The predictable failure of educational reform: Can we change course before it's too late?* San Francisco: Jossey-Bass.

Sarason, S. (1993). *The case for change: Rethinking the preparation of educators.* San Francisco: Jossey-Bass.

Schiever, S. (1991). *A comprehensive approach to teaching thinking.* Boston: Allyn & Bacon.

Seaton, M., Marsh, H., & Craven, R. (2010). Big-fish-little-pond effect: Generalizability and moderation—Two sides of the same coin. *American Educational Research Journal, 47,* 390–433.

Sergiovanni, T. (1999). *Rethinking leadership*. Glenview, IL: Lab Light.

Sergiovanni, T. (2005). *Strengthening the heartbeat: Leading and learning together in schools*. San Francisco: Jossey-Bass.

Siegel, J., & Shaughnessy, M. (1994). Educating for understanding: A conversation with Howard Gardner. *Phi Delta Kappan, 75*, 564.

Sizer, T. (1992). *Horace's school: Redesigning the American high school*. Boston: Houghton Mifflin.

Slavin, R. (1987). Ability grouping and achievement in the elementary school: A best evidence synthesis. *Review of Educational Research, 57*, 293–336.

Slavin, R. (1993). Ability grouping in the middle grades: Achievement effects and alternatives. *Elementary School Journal, 93*, 535–552.

Sousa, D. (2010). How science met pedagogy. In D. Sousa (Ed.), *Mind, brain, and education: Neuroscience implications for the classroom* (pp. 8–24). Bloomington, IN: Solution Tree.

Sousa, D. (2011). *How the brain learns* (4th ed.). Thousand Oaks, CA: Corwin.

Sousa, D., & Tomlinson, C. (2011). *Differentiation and the brain: How neuroscience supports the learner-friendly classroom*. Bloomington, IN: Solution Tree.

Sternberg, R. (1985). *Beyond IQ: A triarchic theory of human intelligence*. New York: Cambridge University Press.

Sternberg, R. (1988). *The triarchic mind: A new theory of human intelligence*. New York: Viking.

Sternberg, R. (1997, March). What does it mean to be smart? *Educational Leadership, 54*(6), 20–24.

Sternberg, R., Torff, B., & Grigorenko, E. (1998). Teaching triarchically improves student achievement. *Journal of Educational Psychology, 90*, 374–384.

Stevenson, C. (1992). *Teaching ten to fourteen year olds* (3rd ed.). New York: Longman.

Stevenson, C. (1997). An invitation to join Team 21! In C. Tomlinson (Ed.), *In search of common ground: What constitutes appropriate curriculum and instruction for gifted middle schoolers?* (pp. 31–62). Washington, DC: National Association for Gifted Children.

Strachota, B. (1996). *On their side: Helping children take charge of their learning*. Greenfield, MA: Northeast Foundation for Children.

Stronge, J. (2002). *Qualities of effective teachers*. Alexandria, VA: ASCD.

Sylwester, R. (1995). *A celebration of neurons: An educator's guide to the human brain*. Alexandria, VA: ASCD.

Thomas, L. (1983). *Late night thoughts on listening to Mahler's ninth symphony*. New York: Bantam Books.

Tieso, C. (2002). *The effects of grouping and curricular practices on intermediate students' math achievement*. Hartford: National Research Center on the Gifted and Talented, University of Connecticut.

Tomlinson, C. (2003). *Fulfilling the promise of the differentiated classroom*. Alexandria, VA: ASCD.

Tomlinson, C. (2004). *How to differentiate instruction in mixed-ability classrooms* (2nd ed.). Alexandria, VA: ASCD.

Tomlinson, C., Brimijoin, K., & Narvaez, L. (2008). *The differentiated school: Making revolutionary changes in teaching and learning*. Alexandria, VA: ASCD.

Tomlinson, C., Callahan, C., Moon, T., Tomchin, E., Landrum, M., Imbeau, M., . . . Eiss, N. (1995). *Preservice teacher preparation in meeting the needs of gifted and other academically diverse students.* Charlottesville: National Research Center on the Gifted and Talented, University of Virginia.

Tomlinson, C., Callahan, C., Tomchin, C., Eiss, N., Imbeau, M., & Landrum, M. (1997). Becoming architects of communities of learning: Addressing academic diversity in contemporary classrooms. *Exceptional Children, 63,* 269–282.

Tomlinson, C., & Imbeau, M. (2010). *Leading and managing a differentiated classroom.* Alexandria, VA: ASCD.

Tomlinson, C., & McTighe, J. (2006). *Integrating differentiated instruction and understanding by design: Connecting content and kids.* Alexandria, VA: ASCD.

Tomlinson, C., & Moon, T. (2013). *Assessment in a differentiated classroom: A guide for student success.* Alexandria, VA: ASCD.

van Manen, M. (1991). *The tact of teaching: Toward a pedagogy of thoughtfulness.* Albany: State University of New York.

van Manen, M. (2003). *The tone of teaching.* New York: Scholastic.

Vygotsky, L. (1978). *Mind in society: The development of higher psychological processes* (M. Cole, V. John-Steiner, S. Scribner, & E. Souberman, Eds.). Cambridge, MA: Harvard University Press.

Vygotsky, L. (1986). *Thought and language* (A. Kozulin, Ed. & Trans.). Cambridge, MA: The MIT Press. (Original work published 1934.)

Watanabe, M. (2012). *"Heterogenius" classrooms: Detracking math and science.* New York: Teachers College Press.

Wiggins, G., & McTighe, J. (2005). *Understanding by design* (2nd ed.). Alexandria, VA: ASCD.

Williamson, M. (1992). *A return to love.* New York: HarperCollins

Willis, J. (2006). *Research-based strategies to ignite student learning.* Alexandria, VA: ASCD.

Willis, J. (2010). The current impact of neuroscience on teaching and learning. In D. Sousa (Ed.), *Mind, brain, and education: Neuroscience implications for the classroom* (pp. 44–66). Bloomington, IN: Solution Tree.

Wolfe, P. (2010). *Brain matters: Translating research into classroom practice* (2nd ed.). Alexandria, VA: ASCD.

國家圖書館出版品預行編目資料

差異化班級：回應所有學習者的需求／Carol
Ann Tomlinson著；張碧珠等譯. －－初版.－－
臺北市：五南圖書出版股份有限公司, 2018.02
　面；　公分
譯自：The Differentiated classroom:responding to
　　the needs of all learners, 2nd ed.
ISBN 978-957-11-9575-9（平裝）

1.教學法　2.個別化教學

521.4　　　　　　　　　　107000379

1I1N

差異化班級
回應所有學習者的需求

作　　者 ― Carol Ann Tomlinson

譯　　者 ― 張碧珠(223.6)　呂潔樺　林芯汝　劉慧平　陳雲釵
　　　　　　賴筱嵐　蔡宛臻

發 行 人 ― 楊榮川

總 經 理 ― 楊士清

總 編 輯 ― 楊秀麗

副總編輯 ― 黃文瓊

責任編輯 ― 陳俐君　李敏華

封面設計 ― 姚孝慈

出 版 者 ― 五南圖書出版股份有限公司

地　　址：106台北市大安區和平東路二段339號4樓

電　　話：(02)2705-5066　　傳　真：(02)2706-6100

網　　址：https://www.wunan.com.tw

電子郵件：wunan@wunan.com.tw

劃撥帳號：01068953

戶　　名：五南圖書出版股份有限公司

法律顧問　林勝安律師

出版日期　2018年2月初版一刷
　　　　　2023年9月初版二刷

定　　價　新臺幣380元

經典永恆・名著常在

五十週年的獻禮——經典名著文庫

五南，五十年了，半個世紀，人生旅程的一大半，走過來了。

思索著，邁向百年的未來歷程，能為知識界、文化學術界作些什麼？

在速食文化的生態下，有什麼值得讓人雋永品味的？

歷代經典・當今名著，經過時間的洗禮，千錘百鍊，流傳至今，光芒耀人；

不僅使我們能領悟前人的智慧，同時也增深加廣我們思考的深度與視野。

我們決心投入巨資，有計畫的系統梳選，成立「經典名著文庫」，

希望收入古今中外思想性的、充滿睿智與獨見的經典、名著。

這是一項理想性的、永續性的巨大出版工程。

不在意讀者的眾寡，只考慮它的學術價值，力求完整展現先哲思想的軌跡；

為知識界開啟一片智慧之窗，營造一座百花綻放的世界文明公園，

任君遨遊、取菁吸蜜、嘉惠學子！